大夏书系·名校教育探索

个性教师炼成记

百年名校新型师生关系

雷玲 张德庆 编著

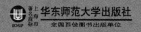

华东师范大学出版社

全国百佳图书出版单位

目 录

第一辑　心灵导师型

序 / 1

1. 陈蓉：从容带班，五讲四美三热爱 / 4—16

2. 赵晓明："晓明姐"的化学效应 / 17—27

3. 宋航蔚：班主任的幸福密码——情字当头，管家有礼 / 28—38

4. 宋其云："全能"老师口头禅——帅文一，其努力！ / 39—50

5. 张文静：爱上思想品德课的心理老师 / 51—62

6. 池志丹：处女座老师的完美爱 / 63—74

目录

第二辑 亦师亦友型

1. 吴爱兄："兄姐"不凶，很阳光 / 78—89

2. 董颖："化学战神"的带班日志 / 90—100

3. 冯丽敏："啦啦啦"老师永远在战斗 / 101—112

4. 熊素文：加减乘除中做人理"家" / 113—124

5. 乔仁凤："乔姐"是座连心桥 / 125—136

6. 焦晓翠：被爱的老师最幸福 / 137—148

目 录

第三辑　互为学习型

1. 杨秋静："懒"老师不懒 / 152—162

2. 韩国凤："小宇宙"和她的花儿与少年 / 163—173

3. 陈静：高效老师课堂更高效 / 174—185

4. 于艳芹："愚钝"的老于总是给人惊喜 / 186—197

5. 姜海峰："老姜"不辣也成师 / 198—209

目 录

第四辑　麻辣新潮型

1. 回扬：大回的带班"兵法"/ 214—224

2. 王小平："小霸王"的带毕业班秘笈 / 225—237

3. 王帅：以"帅"为师，为"歌"/ 238—249

4. 庞艳丽："酷"老师的"实验报告"/ 250—262

序

百年老校里，遇见最好的自己

中学时代的学校记忆，对于大部分人来说，有着很多很多的相似性。

从小，我们就被要求一模一样：服装一样，发型一样，就连人生的梦想也一样——考上个好大学，毕业后找份好工作，赚很多很多的钱，成家立业……

在这样的学校，我们更多的是苦读书，死读书。不知不觉中，我们变得没有梦想，没有棱角，成为一台学习的机器。

然而，也有这样一类学校，这样一群幸运的学生，在彼此相遇中，成就了最好的自己。如百年前成立的崇贞学园，虽然历经北平女子四中、北京市第四女子中学、北京市朝阳中学、北京市陈经纶中学四次易名变迁，却在百年中积淀出历久弥香的"经纶"文化：以校为本、以师为本、以生为本，建设个性化学校，成就个性化教师，培养个性化学生。

在这里，只要你向着梦想走着，你就可以在不断地出发中，遇见最好的自己。

你的课堂是开放的，或在人生的远足中，或在三尺讲台的天地间；你的梦想是触手可及的，或在最现代化的数字教室里，或在活色生香的紫藤园中；你的校园是百花齐放的，既有经纶之烙印，又有个性之张扬。

每一个学生，每一个老师，每一个管理者，或者，你只是读这本书的读者，只要你走进这所百年老校，就可以从此时此刻开始，用一种全新的方式，感受心灵的萌动，遇见最好的自己。

红袖子

2016 年 1 月 29 日于花舍

著名语文特级教师李镇西曾说："从某种意义上讲，教育是师生心灵和谐共振、互相感染、互相影响、互相欣赏的精神创造过程。它是心灵对心灵的感受，心灵对心灵的理解，心灵对心灵的耕耘，心灵对心灵的创造。"关注学生的心理健康，是新时期教师的一堂必修课。新时期的教师，除了传授课本知识之外，更需要给予学生"关心"。写信、电话、QQ，成了时下不少师生谈心的方式，心灵导师型教师，通过循循善诱，用春风化雨的方式滋润着学生的心田。

第一辑 心灵导师型

1.陈蓉：从容带班，五讲四美三热爱

　　她从教20年来，连续12年担任班主任，是北京市朝阳区优秀青年教师、北京市"紫禁杯"班主任大赛一等奖获得者；她所带班级曾被评为朝阳区先进班集体，获得了"学生最喜欢的老师""阳光杯优秀班主任""师德先进个人"等称号；她就是北京市陈经纶中学的老师陈蓉。

"蓉姐""蓉妈"

　　她送走了一届又一届学生，很多学生考上了重点高中、重点大学，甚至出国去留学。

　　刚当班主任时，学生喜欢叫她"蓉姐"。后来她年纪大了，再带的学生就叫她"蓉妈"。从"蓉姐"到"蓉妈"，学生不因时间的流逝而改变对她的爱，即使毕业了十多年，还会津津乐道她当年认真上课的情形。"我们于她，视如己出，她于我们，亲人一般。"学生说。

　　她教会学生的，不仅仅是解一道道数学题，更多的是对学习和工作的认真态度。她总对学生说："学习是持续不断的、一生应该追求的事业。"她感染学生的，是她对事业的热爱，她对待工作，与其说是好强，不如说是一种持续不断的上进心。学生常说，受她的影响太多，一句"谢谢"无法表达心中的感激，只想做得更好来回报她无私的教诲和辛苦的付出。

　　"敬爱的陈老师，永远都记得，您像妈妈那样关心我们，有了您的努力和期待，我们才能在数学世界里勇敢前行。"陈蓉教过的 2013 届学生，在毕业前的诗歌朗诵会上深情献诗。

　　从带第一届毕业生，到培养出中考状元，陈蓉始终把她教过的每一位学生，都当自己的孩子，一样认真、细心地去教育和培养。从教多年的她得到过很多荣誉，但"蓉妈"说，她得到的最高荣誉是由学生评选出来的"学生最喜欢的老师"称号——"得到学生的认可是一名教师最大的幸福！"（红袖子整理）

真陈蓉　真从容

2013年中考前夕，陈蓉微笑着叮嘱学生："放轻松，你们每一个人都很优秀。"20年来，一茬茬的学生，都是这样从容地被陈蓉送走的。

事事争先，"我的学生要全面发展"

班级荣誉争先，是陈蓉带班的特点之一。她总说："我的学生一定要全面发展。"

"要么不做，要做就把它做好！"班级的卫生、环境布置、礼仪规范，陈蓉都亲自督查。上进心强、事事争先的陈蓉，影响着她所带的学生。学生的集体荣誉感都很强，小到卫生标兵、流动红旗，大到运动会、优秀班集体、文明礼仪示范班，她都要争。"优秀班集体"的荣誉，在陈蓉班级里扎了根。

教数学的陈蓉关注学生的数学学习，同时也关注学生的综合发展。语文和英语的背诵亦是她所注重的地方。"背功是第一功"，她经常这样勉励学生。每天早读，陈蓉必定到班督促学生读书背书，有时还和学生一同背诵。一篇英语课文"Welcome to Beijing Zoo"更是成为师生间的快乐回忆。原来每次陈蓉一进班，学生们就调皮地大声背诵"Welcome to Beijing Zoo！……"陈蓉笑道："你们个个都是皮猴。"

2013届4班，是陈蓉最为得意的班，年年都是学校的"优秀班集体"，2012年还被评为"朝阳区先进班集体"。为了帮助学生提高学习效率，陈蓉结合本班情况，设立了自主学习互助小组，鼓励学生进行自我尝试和主动探索。就这样，班中学生互帮互助蔚然成风，他们在2013年的中考中取得了骄人成绩，集团中考状元、集团唯一数学满分均出自这个班级。

严格要求，优秀不只在成绩

"教书育人，不仅要教知识，更要教做人。"陈蓉说到做到。

一次统练，有两位同学偷对答案。陈蓉顿时火冒三丈，对两名同学进行严厉批评，当着全班宣布两人测试成绩为零分，并将两张零分试卷贴在班内公示。当事的学生回忆起这件事时，心存感激："我没想到陈老师这么严格，很惭愧，也得到了深刻教训，懂得学习要对自己、对他人负责，这样成绩反而得到了提升。"

初三是最繁忙、最紧张的时期，作为班主任，陈蓉却从来不唯成绩为第一。

初三体育中考结束后，班里有部分学生不愿意再去上体育课，"窝"在教室里复习功课，每到体育课，陈蓉必到班里"轰人"，把学生们赶到操场上体育课。"身体是革命的本钱，要学会松弛有度，会休息才会更好地学习。"这是她的理论。

一模前，各班都在紧张备考，同学们经历了一天高强度的练习，都有些疲劳和烦躁，几个同学来找陈蓉，欲言又止，瞅瞅学生的表情，陈蓉一下子就明白了："想出去放松一下？可以啊，全班都到操场，放松30分钟。"所有学生都欢呼雀跃，班级里的烦闷之气一扫而空。

"优秀不只在成绩。"陈蓉对教育自有从容的淡定。

关注差异，真正的优秀是内外兼修

对于数学学科而言，学生能力出现差异是常见的现象。在陈蓉的班里，有个别悟性较高的同学总能做出很难的题，陈蓉鼓励他们：举一反三，用不同的方法来解同一道题。考试的时候，陈蓉会叮嘱这些同学不要粗心，要重视基础题，不丢基础分，积极攻下难题。而对学习费力的同学，陈蓉会耐心地多讲几遍，帮他们把握基础题，夯实基础知识和基本技能、方法。

差异化教学，不抛弃，不放弃，是陈蓉教育教学的"法宝"，她教的虽是普通班，但数学成绩常超过实验班。

作为班主任，她每天早上带着学生背诵国学经典《三字经》《弟子规》《中庸》《大学》。"这些都是传统文化中的经典，要用心体会，对做人做事都有帮助。""学习重在积累，在积累中不断感悟。"陈蓉不厌其烦地引导学生。

作为班主任,她每天中午看着学生在悠扬的古筝声中打开字帖进行临摹。"字如其人,字写得好,不仅对考试有好处,对人生而言也是一笔财富。"陈蓉处处对学生充满期待。

作为班主任,她每天上操要求学生在全校集合完毕前抢时间绕操场跑两圈。一学期下来,效果着实不容小觑,运动会上她带的班全校第一,学期跑步测试成绩远远好于其他班级。

陈蓉不仅注重修炼学生的品行,注重对学生的精神塑造和健康体魄的锻炼,她还注重培养学生的优良习惯和坚韧精神,并以特殊的方式将这些渗透到教育教学的点点滴滴中。

2013届学生回忆,班会课是他们当时的最爱。班会课上,陈蓉从不空讲道理,她让学生看电视剧《士兵突击》。"我希望你们能够学习《士兵突击》中不抛弃、不放弃的团结奋斗精神,在学习中互帮互助、顽强拼搏、自强不息、挑战极限。"她对深受电视剧感染的学生们说。

走在前沿,新媒体教学第一人

"陈老师教我们时,利用PPT和软件教学还没有像现在这么普及,她可以说是当时教研组里使用新媒体工具教学的第一人。数学软件《几何画板》,她用得那叫一个'溜',平时不太好理解的几何题,经她用几何画板一旋转、一翻折、一平移,不仅让人印象深刻,而且再复杂的问题立刻就变得简单,同学们往往张大嘴巴,惊呼'原来如此'。一些经典的练习题经她用软件一拖一拉就衍生出多种变式,同学们都惊异于她的创新能力。"陈蓉12年前教过的学生赵彤对当时上课的情景记忆犹新。

对于新生代教师而言,玩转多媒体是本事,但陈蓉最让学生们佩服的是,"陈老师在黑板上写的字都很清朗、隽秀",而且"有一个独家技能——徒手画圆!"

"有一次,她手边没有教学用的圆规,就用手一抢,瞬间,一个特别正的圆就出现在了黑板上,'哇',全班同学都惊呆了。"学生张傲北回忆这件事时,一脸崇拜。

在一直不断学习数学前沿知识与理念的陈蓉看来,数学的价值在于学以致用。

用数学解决实际问题除了掌握必要的数学基础知识以外，还必须具备一定的能力。"我们必须把知识运用到实际当中，这样才能体现出数学的价值。数学引领未来，世界因数学而精彩！"

细致体贴，跟学生像亲人一样

"我们于她，视如己出，她于我们，亲人一般。她为人亲和，我们都叫她蓉姐。"学生就是这么爱她。

学生正处于长身体的阶段，上了几节课就喊饿。陈蓉虽然嘴上说笑，说一个个都是"馋猫"，但心里确实也为学生着急。因此她每天都会从家里带些点心来分发给学生，怕不够学生吃，还将学校发给老师的加餐也一股脑儿拿给学生。甚至有一次，学校统一给老师过生日，分给陈蓉一块蛋糕，她也让班长拿回班给男生"解馋"。

中考总复习正值春末夏初时期，燥热难耐，班中同学不免因天气热而浮躁，同时对总复习感到疲倦。陈蓉这时就买来冰棍、西瓜为同学们解暑解乏，还让生活委员采购了同学们喜欢的各类糖果饼干。同学们吃得一个个喜笑颜开，同时也感受到老师的关爱，复习顿时少了抱怨、多了动力。

她教过的学生都知道，做错了事，受到一顿义正言辞的批评在所难免。但陈蓉有一说一，自己犯下错误，也会向学生道歉。

有一次，陈蓉告诉班长下午自习后先不要放学，她开完学校例会后还要说事情。那天会散得有一点晚，回到班里后她发现班中只剩下做值日的几名同学。陈蓉颇为生气，将正在做值日的班长数落了一顿。回到家翻开手机，却看到班长之前向她连发的几条短信，问能不能放学。陈蓉意识到错怪了班长，第二天一早，她当着全班同学的面向班长鞠躬道歉。班长既意外又感动，没想到一向严厉的陈老师竟会向自己道歉。

这就是陈蓉，拥有一口并不标准的普通话，并不高挑的身材和并不出众的相貌，却总能给同学们努力向上的力量。她班里的中考状元在毕业典礼上动情地说："曾经，我们因陈老师而骄傲，未来，我们必让她因我们而自豪。"（赵　彤　陈元廷）

观 点

五讲四美三热爱

作为班主任，我给自己的定位是"一家之主"，即要和各科任老师带领孩子们共同经营好这个"家"。我经营这个"家"的方式是：五讲四美三热爱。

五 讲

第一讲，讲规范。即提要求，立规矩。

刚进校的学生对周围环境和老师还不熟悉，都会收敛起自己的行为。如果你认为他们很乖巧可就错了，不及时立下规矩，学生就会随性而为，变得越来越散漫，越来越任意妄为，等你发现时再想往回收，往往不能如你所愿。

自习课、进餐、课间、周测……都要在进行之前提好相应的要求，定好相应的标准。和定规矩相对应的是督查，要及时检查，及时总结，及时强调，一次做不到就再要求，再做再查，同时做好了要及时肯定表扬，给学生树立良好的一日行为规范。

第二讲，讲方法。即在班级管理中，对待大小事务都要努力寻求一个好的方法。

我采用的是小组合作管理制度。班级40人，我将他们分为六个大组，每大组里又分两个小组，设正副两个组长，方便更快更好地落实各项事务。

为了在班级营造一个你追我赶、积极向上的良好氛围，我利用小组在全班开展了一系列的竞争活动。比如以小组为单位开班会，以小组为单位比月考成绩等并制定了相应的评价体系，进行日总结，周评比，月奖励。小组合作的模式，不仅增进了同学间的凝聚力，有效地营造了一个积极向上的良好氛围，更重要的是培养了学生的组织、策划、协作等各方面能力。

第三讲，讲策略。即教育学生要因人、因时、因事的不同而采取不同的方式和方法。

在一次暑假人生远足活动中，我负责管理我班的 11 名男生，路上发生了不少事情。由于火车票的车厢号不同，我们被分成了两拨，火车走了不到一个小时，就听说另一个车厢有学生包丢了，贵重物品全在里边，并且擅自做主报了警，警察正在赶往下一站的路上。

当时我没有指责批评，而是仔细回忆了我们上车的全过程，没有任何遗漏，那个同学的包小，就推测会不会忙乱中压在其他同学的大包下面呢？于是让学生去找，结果很快就找到了。这时任何指责批评的言语都用不着，所有学生在佩服的同时，也从老师处理这件事情的过程中懂得了一个道理：遇事要冷静思考，冲动慌乱就会昏头，头脑不清就容易干傻事。

第四讲，讲情谊。即作为一个大家长，我不仅要讲规范、讲方法、讲策略，也得讲情谊。班主任和学生朝夕相处，日日相伴，如果没有情谊，是很难管理好一个班级的。

学生早上 7:10 到校后就开始学习，一天八九节课，节奏快、任务重，作为班主任，我不能一味地要求学生学习，要学会给学生调节。一天到晚除了学习还是学习，学生会出现逆反心理，班级气氛也会紧张，这自然会影响学习效果。

例如在期末复习各科内容的时候，我除给他们讲期末考试的意义和老师们的无私付出外，每天会让他们去操场放松，还会给他们买一些话梅糖果饼干之类的小点心，学生们吃在嘴里、暖在心里，没有抱怨，没有急躁，整个班级温馨和谐，学生学习劲头十足。

第五讲，讲协作。即指和各科任老师之间团结协作，相互配合。

一个班主任就跟一个家长一样，对孩子要全面关心。对孩子们所有科目的学习情况都要了解掌握，因为任何一科不好，都势必影响孩子们的发展。班主任所教科目在学生心目中肯定是很重要的，历来班主任效应就存在。如果班主任一味强调自己这一科，很大程度上会造成孩子们偏科。所以班主任在班级里一定要有一个均衡各科发展的正确导向。

例如，上课前我会督促孩子们准备好课本，进行一些课前的预习，背一背书，帮助发发考试卷子，顺便了解一下考试情况，看看学生的卷子，询问一下得失原因，鼓励几句，指导一下方法。

四　美

第一美，环境美。一个好的环境能让人身心愉悦，还能增强班级的凝聚力。开学前两天，我会和宣传委员沟通，尽快将教室布置好，给学生打造出一个干净、整齐、温馨的学习环境。

第二美，形象美。指的是对学生仪容仪表、言谈举止的要求。我经常给学生讲每个年龄段都有她独特的美，对中学生而言，青春就是一种美，阳光、朝气是最美的。发式、鞋帽等以干净、利落为美。对学生的言行举止不仅提出要求，更要时时提醒，及时指正。

第三美，习惯美。好习惯成就好人生。学生中有许多坏习惯，集体生活易相互影响，比如写作业跷腿、抖腿、卷子乱放、东西乱扔、写作业转笔、一手夹两支笔、放鼻涕纸袋等，我一是提要求，提供解决办法；二是随时发现，随时制止。同时，对有较好习惯的同学大力表扬。

第四美，责任美。班级里人人是干部，人人有责任为班级做事。比如徐某某同学成绩很差，但对生物很感兴趣，我就任命他为生物课代表，他在生物课上表现非常积极，工作完成也很出色。有了责任心，学生就会努力做好每一件事情，付出了努力，就会热爱这个班级，班级荣誉感、凝聚力自然就强。

三热爱

一热爱学校。我常给学生讲，我是陈经纶学校的一名老师，你们是陈经纶学校的学生，我们一定严格要求自己，在外展示我们最好的一面，不给学校抹黑，要给学校增彩。

二热爱班级。作为班级一员就应热爱班级的一切。热爱班级是装不出来的，班主任在班里的一言一行，都会透露出对班级的热爱，于无声中就会感染孩子们。

三热爱生活。会生活才能更好地工作和学习。寒暑假，我鼓励学生参加社会实践、人生远足，鼓励他们去旅游，开阔眼界，增长见识，领略风土人情，吃吃各地美食，开学后在班会上相互交流。

作为班主任，我是既用心又用力，但更多的是用爱、用一份责任努力地当好我这个一"家"之主，我相信天道酬勤。（陈　蓉）

他人眼中的陈蓉

后来毕业回去看她的时候，发现学生管她叫"蓉妈"，我觉得有学生愿意叫老师妈妈，这老师值了！

——学生赵彤

陈蓉老师对待工作十分敬业，平常及家长会时对每个学生的情况分析都入木三分，并会提供十分有针对性的指导，孩子们都很敬爱她！

——学生欧京伟的家长

她对学生投入很多感情，嘴上不饶人，其实是很心软的"傲娇"御姐。

——同事杨小红

自 白

陈蓉自画像

自我评价： 做人做事都是一个字"真"。工作中雷厉风行，不喜欢拖泥带水；生活中喜欢点小情调，世界那么大，喜欢去看看。

教育教学理念： 用心引导学生，拓宽学生的知识面，开拓学生的思维，提高的学生能力。

座右铭： 做人光明磊落，做事认真负责。

影响最大的书：《第56号教室的奇迹》《有效课堂的八条途径》。

心目中的好老师： 不守旧，不拘泥于形式，有个性，书教得好，做人好，将学生利益放在首位。

心目中的好学生： 大方，做事认真且讲究方法，乐于交流沟通，善于思考，知识面广。

心目中的好学校： 设施跟进时代，文化氛围浓厚，学生懂礼貌、乐学习、活泼开朗，老师精诚团结，领导和蔼可亲。

处理师生关系： 互敬互爱，平等，和谐，乐于沟通交流。

取得成绩的主要经验： 做事认真的态度和职业的责任感。

工作与生活的关系： 教师工作时需要花费很多精力和心血，我白天在学校会很投入地工作，尽量不把工作带回家。工作之余，我最喜欢旅游，开拓视野，减轻压力。

补白

陈蓉老师糗事一箩筐

有一天陈老师好像多留了点作业，我们都不想做，要求少留点，然后她就叹了口气说："我很无赖。"然后全班狂笑。（她其实想说无奈，但是因为她是湖北人，l 和 n 分不清）

"三线合一不能利（逆）用！"她上课时经常"走调"。

某日陈老师被某男生偷窥……

"出来！你能不能别干什么事都偷偷摸摸的！"

男生羞涩地站起来，开始对陈老师抛媚眼，笑……

"能不能别老对我抛媚眼！能不能别笑得那么妖媚！！我受不了你了！！！！！"

2.赵晓明："晓明姐"的化学效应

  她所带班级班风、学风优良，高考成绩优秀；她有着丰富的化学教学经验，教学理念先进，教学成果突出，多种教学成果获区、市、国家级奖项，2012年8月教学设计《物质的分类》获全国一等奖，同年4月《物质的分类》一课获全国优质课评比一等奖；她曾荣获北京市朝阳区骨干教师等荣誉。她就是北京市陈经纶中学的化学教师赵晓明。

印象

"晓明姐"的化学效应

"晓明姐"是学生私下对化学老师赵晓明的爱称。

学生们爱她，但也有点怕她。学生犯了错误，看"晓明姐"生气了，会偷偷送上一瓶饮料"小茗"。

她的课上得好，"幽默风趣，用心胡说"是她的教学风格；她要求严格，学生犯了错误会乖乖改正，否则"小明姐"就会"火力全开"，"50遍"是她的个人标签，学生的终极任务。但在你来我往的"较量"中，学生愉悦、轻松、快乐地学习。她的学生经常跑过来对她说："老师您讲得太棒了。"这时她会高兴地说："你有拍马屁的嫌疑呦！"

"时而普通时而又深刻，时而严肃时而又活泼，时而紧张时而又平静"，"你用你的严格送走了一批又一批学生，每一个毕业的学生都感谢你的严格，但你又不失温柔，当我们考试受挫时你会为我们亲手烤制好吃的饼干，饼干虽然不是很甜但是我们却觉得甜入心扉，谢谢您。"学生们的毕业留言中，总能透露出"晓明姐"严中有爱的教育对学生产生的"化学效应"。

那一群群微笑而又稚嫩的笑脸，总是萦绕在她的面前，她爱她这些可爱的学生。用笑感染每一个学生，让学生在笑声中获取知识和教益，让教学彰显"幽默风趣"的"魔方"和魅力。为了学生的一切，从勤教到励教再到爱教，是"晓明姐"一直追求的教育信念。（杨思佳）

故 事

那一次次心心相印的体验

作为一名教师，我把教育当成是一种事业，而不仅仅是工作。我热爱我的事业，热爱我的每一个学生，只有把爱投到学生的心田，师生间才能产生心心相印的体验，才能收到良好的教育效果。

"一个微笑"的力量

有时候，教师不经意间的一个微笑会温暖学生的心，因为它能将老师的关爱、理解、宽容传递给学生，缩短师生间的距离。

记得那年高三第二学期了，学生非常紧张，我一改往日严肃，带着微笑进班，后来毕业的学生说："老师啊，您知道吗，刚开始看到您笑着进班有多'恐怖'吗？我们习惯您的严肃，我们以为犯错误了，但后来可喜欢看您笑了，您的微笑就是对我们的肯定，学习没那么紧张了，谢谢您！"当学生犯错误的时候，"一个微笑"的力量胜过批评；当学生获得成绩的时候，"一个微笑"就是一份肯定和鼓励；当学生遇到困难的时候，"一个微笑"就是一份力量，因为老师会帮助你渡过难关。

"一个倾听"的故事

有人说，教育是一个不断消除误解的过程。教育需要倾听，倾听是一种接纳，更是一种欣赏。一个会倾听的老师没有话语霸权，他时刻用自己的言行诠释着教育的平等和尊重。

刘宇，高一和高二时的成绩一直不理想，到了高三比较迷茫，觉得自己能考个三本就不错了，因此学习动力不足，来找我聊天。他说："老师，我怎么办啊？学和不学也没什么区别，也就是个三本了。"起初我只是扮演一个倾听者和观察者，一是观察他的心理变化，看他有没有真的放弃努力；二是观察他的真实实力，看他是否有能力突破现有的成绩。通过观察，我发现他只是没有自信去突破。随后在我的帮助下，他的成绩进步了。他非常满足，随后他又停滞了，告诉我："老师，我肯定也上不了一本，考个二本已经很好了。"听到这话，我反问他："谁说你考不上一本，你绝对有一本的实力。"他非常惊讶，没想到老师对他这么有信心。随后他学习异常努力，最终在高考中顺利地考上了一类本科。这就是倾听的力量，他可以改变一个人，帮助一个人。多年以前，我曾经读过臧克家先生写的一段话："一个和孩子常年在一起的人，他的心灵永远活泼像清泉；一个热情培育幼苗的人，他会欣赏到它生长的风烟；一个忘我工作的人，他的形象在别人的记忆中永远鲜活；一个用心温暖别人的人，他自己的心也必然感到温暖。"十几年的教学使我一直享受着这诗句的甘甜。

"一个应变"的机智

作为一名新时代的教师，无论是在课上还是在课下，他都需要有"四两拨千斤"的智慧。记得那年班级的班费120元钱连同生活委员的钱包一起丢了，学生们议论纷纷，有的学生要求大搜身，有的学生私下说可能是某某人偷的。面对这样的问题，我想不能采用过激的方法，首先，我觉得拿钱的学生可能有什么难言之隐，不能因他一时糊涂就给他贴上"小偷"的标签。其次也不能让这件事情扩大化，影响整个班级的舆论氛围。经过深入了解，我把目标锁定在一个学生身上。这个学生最近沉迷网络，可能会一时糊涂犯错误，我找了班里每一个同学了解情况，但对这个学生说，班级的监控可以保留一周的录像。正好这个学生还是班里的电教委员，我就让这个学生去监控室查查，看看能不能找到谁拿的钱。我观察到他的变化，他非常慌张，最后坦白了自己的错误，就是为了玩网络游戏。我对他说："你沉迷网络游戏，一是影响学习，二是导致你犯下这样的错误，这件事情我不会让其他同学知道。"他听到我的话后连连点头，一再保证以后不会再犯。后来我也思考了很久，怎么能把这件事的影响减到最小，最后我把钱包放在了生活委员桌斗的最里面，用一本书夹着，非常不好找的地方，后来生活委员高高兴兴地来找我，说钱包找到了，放错地方了。这件事就这么过去了，我一直观察着拿钱的学生，他不仅没有再犯类似的错误，还把网瘾给戒掉了。如果我按照同学们的意见"风风火火"地抓"小偷",那后果是可想而知的。由此我觉得,处理任何事情一定要讲究策略,当情况发生改变时,要有应变的智慧。我觉得做一个有智慧的教师是成为一名合格教师的重要条件。

"一个反思"的效应

"埋头拉磨"是传统的应试教育中教书匠式教学的"标杆"形象的写照。这种只顾"拉磨",不"抬头看路"的教学就像"驴拉磨",一直在"原地转"。"一个反思"能使教学达到最优化,能使"教书匠"向"研究型教师"转变。

在教学中要不断反思,我每年都会手写教案,每节教案后边我都要空上几页,用来做课后反思,十三年下来,我发现反思比教案还要长。每节课后我都会进行反思,或者想学生这节课为什么反映不强烈,或者想这个知识点是不是没有讲清楚,有没有更浅显的例子,也或者是体味这一节课下来收获的快乐。反思后则奋进,存在问题就整改,发现问题就深思,找到经验就升华。

在班级管理的过程中更需要反思,天下最细微、最精致的工作就是班主任工作,他们的一言一行都会对学生产生最直接、最大的影响。要反思对学生的了解,反思是否清楚每个学生的情况,反思是否能够做学生的领路人,反思对学生是否一视同仁,反思对"默默无闻群体"的忽视。(赵晓明)

观　点

做高三学生的领路人

高三是学生 12 年寒窗苦读的冲刺阶段，高三班主任在这个重要的阶段是每个学生的知己，是学生的精神支柱，是班级学生的领路人，是班级学生的挡风人，是班级的管理者，是班级所有科任教师的领头羊，也是联系老师和学生的纽带。集多种角色于一身，集多重重任于一身，毕业班班主任一定要做学生的领路人。

一、明确工作目标

首先要了解学生的特点，根据学生的情况制定工作目标，从而使班级管理"紧而不死"，班级氛围"活而不散"，学生学习"忙而不乱"。

首先我觉得对学生管理最忌讳"开头轰，中间松，最后空"。学生进入高三后，我依然在管理上"严"字当头，依靠规章制度，力求科学化、规范化，程序化，不因为学生学习紧张而放松对遵守纪律、做好卫生等工作的要求。实践证明，抓好纪律、卫生、"两操"工作，不仅不会影响高考复习，而且这种一如既往的要求，会防止学生产生懈怠情绪。在日常管理中做到两加强：第一加强作息时间的管理，第二加强学生的质量意识，每天同是学习那么长时间，高效、高质的学习是制胜的法宝。

二、控制好高三的节奏

同样的学生在高三的自觉性和在高一、高二的时候也不同，无形当中学生将更多注意力转移到学习中了，相对的，我的工作重心也渐渐地由规范管理转到学生的学习上。我对学生提出了"踏实、认真"的要求，并把这四字要求贯彻在高三重要的三个阶段。

第一阶段是第一学期。因为在这一阶段，对于学生来说最重要的是找到适合自己的学习方法，对于班主任来说给学生学习方法指导是至关重要的。首先我要求学生科学地处理学习上的各种复杂关系，比如学科与学科、听课与复习、教材与习题之间的关系，防止学生严重偏科；其次帮助学生建立知识网络，逐步掌握学习方法和技巧，形成科学思维；再次帮助学生把握学习规律，科学地制订复习计划，使学习在紧张有序的状态下进行。

第二个阶段是寒假到一模前的这段时间。为要用一模的成绩作为高考填报志愿的依据，我明显感到学生对这个考试的重视，同时也感到学生的恐惧。我觉得这个阶段激励教育是关键。我提出班级口号"能力有限，努力无限"，并用我自己高三的亲身经历鼓舞学生，告诉他们只要脚踏实地地认真学习，最后一定会成功。这一阶段我主要采取了"抓两头，带中间"的办法，以个别谈话为主要工作形式。做尖子生和"差生"的指导工作。对尖子生，我要求他们明确目标，确定方案，突破弱点，保持优势，同时提出具体措施；对"差生"，我以鼓励为主，多谈话、多检查，发现问题及时纠正，发现进步充分表扬。

第三个阶段是二模到高考这段时间。可以说这段时间是学生学习成绩的巩固和再提高阶段，这段时间也是学生最容易产生急躁、压抑、苦闷、焦虑等不良情绪的阶段。这些情绪给学生造成的不良影响非常大，如果不能因势利导，及时排除学生心理上的暗礁，它极有可能阻碍学生的进步。这就要求班主任必须随时保持高度的职业敏感，及时捕捉学生心理上的一个个微小的不和谐音符，帮助学生重拾信心和动力。

我觉得高三班主任应该做到"两有数""两结合"和"突出两个重点"。即对学生心中有数，几次考试成绩比较，对培养目标心中有数。培养尖子生与鼓励中等生相结合，任课老师、班主任、家长相结合。突出重点学生：对一本线上下的学生重点关注，对于学习成绩不稳定的学生重点关注；突出重点学科：对于班级整体薄弱的学科重点关注，对于高分学生的薄弱学科重点关注。

总觉得毕业班的班主任必须是艺术家、心理学家、教育家，因为身上肩负了更多的责任，需要更多的耐心和爱心。做到有教无类，可以说是痛并快乐着的，但可以同时体会着付出的喜悦、收获的兴奋。（赵晓明）

旁 白

他人眼中的赵晓明

绝不是死板的讲解，也绝不是乏味的演讲。整个课堂气氛轻松，充满了老师鲜明的个人风格。她妙语横生，时而语调高昂、激情荡漾，时而语调轻缓，幽默简洁，用美妙的声音感染学生，把学生带到知识的海洋。40分钟的课时，或启发暗示，或点石成金，使我们感到学习不再是沉重的包袱，而是一件快乐的事。她还要培养我们的学习兴趣，把我们的脑袋充盈起来，使我们自始至终陶醉在妙语迭出的课堂中。

——2015届学生乔禹

她有一颗孩子的童心，幽默，容易接近，善于"寓教于乐"，对自己的学生"了如指掌"，尊重每一个学生的个性；她接纳学生的差异和不足，经常鼓励学生，给他们提供充满爱的发展空间；她善解人意，耐心地指出学生的不足，而不是贬低他们，伤害他们的自尊心；公平、公正地对待每个学生，让所有学生都能获得充分展示自己的机会。

——学生家长

她喜欢用"四面镜子"看待学生：用"显微镜"看学困生的优点，用"放大镜"看优生的缺点，用"透视镜"看教育教学的本质问题，用"望远镜"来看学生一生的发展。

——同事卢娟

自 白

赵晓明自画像

自我评价： 性格坚强，朴实，刚柔并济，独立自主，积极进取，热情奔放，敢作敢为，敢爱敢恨，有同情心。

影响最大的书：《简·爱》。

影响最大的教育家： 陶行知。

启发最大的两句教育名言： 活的人才教育不是灌输知识，而是将开发文化宝库的钥匙，尽我们知道的交给学生。（陶行知）培养教育人和种花木一样，首先要认识花木的特点，区别不同情况给以施肥、浇水和培养教育，这叫"因材施教"。（陶行知）

教育教学观： 1.用"爱"挖掘每一个孩子更多的闪光点。2.坚守责任、义务，用"爱"培养孩子更多的闪光点。3.爱孩子、爱每一个孩子，不论其美丑、善恶。永远铭记自己光荣职责。爱就像物理学里讲的力，它是双向的。当你给她爱的力量时，她也一定会给你一个力。或许不同的是，她给你的"力"或许需要一定的时间。4.学会倾听，学会帮助，学会自控，学会反思，学会低下腰来。

心目中的好老师： 扎实的学科功底，有耐心，有责任心，有爱心。

心目中的好学生： 每一个学生都很可爱。

心目中的好学校： 让每个教师和学生都信任的学校。

处理师生关系： 学生和老师间的关系很简单，有三种。一种是尊敬，二种是陌路（你上你的课，我看我的书），三种是讨厌（只要你上课，我就翘课）。抛开小孩子本身，造成这三种结果的最主要原因就是老师本身。老师对于学生是高一个阶级的存在，是强势的存在，很少有学生不怕老师的。但我们应该努力转变，师生之间应该存在一种和睦共处的发展关系。

怎样战胜挫折和困难： 分析遇到了什么问题，并采取措施来解决问题，向家人，同事与朋友倾诉，以缓解压力，有时花更多时间做其他自己喜欢做的事情以排解压力。

取得成绩的主要经验：成功等于百分之九十九的汗水加上百分之一的灵感。

工作与学习的关系：持续性学习，首先对学生就是一份言传身教的积极向上的影响。工作之余喜欢打球、游泳、旅游、唱歌、听相声。

补 白

"晓明姐"其人其事

晓明姐：明天收笔记了啊，两个月的笔记不能少啊！

于是学生们纷纷恐惧地拿起笔，白天黑夜地赶笔记。于是有了下面的打油诗：君子坦荡荡，人人抄笔记。商女不知亡国恨，一天到晚抄笔记。举头望明月，低头抄笔记。洛阳亲友如相问，就说我在抄笔记。少壮不努力，老大抄笔记。垂死病中惊坐起，今天还没抄笔记。生当做人杰，死亦抄笔记。人生自古谁无死，来生继续抄笔记。众里寻她千百度，蓦然回首，那人却在抄笔记。

晓明姐：今天中午检查仪容仪表啊，女生把头发梳起来！

所有女生忙动手梳头发，检查通过，一女生爱漂亮，把头帘放下来了，晓明姐走过去特别温柔地将女生的头帘弄好，吓得那个女生啊！唉，晓明姐也有温柔的一面啊！

晓明姐口头禅：方程式错了罚50遍（其实每次只罚3遍而已）。

有一天晓明姐在黑板上写方程式，啊，错了一个，全班齐声说：错一个50遍，晓明姐顿时满脸通红：啊，学生终于有机会"报仇"了。

3.宋航蔚：班主任的幸福密码

——情字当头，管家有礼

　　她因教学方法上敢于创新而教学成果突出，她从一个教育新兵成长为北京市朝阳区骨干教师，她所带的班级获得过朝阳区"先进班集体""优秀团支部"等荣誉称号，她获得过"阳光杯"班主任、德育先进人、"三八"红旗手称号，她就是北京市陈经纶中学2013级"科技人才班"班主任宋航蔚。

印 象
一个可以交付真心的老师

"无论喜怒哀乐，她都在我们身边。她在用一双温暖的手，捂热我们受伤的心灵；她在用她敏锐的眼，记录下我们的成长。她是我们避风的港湾，是我们可以交付真心的人。"

2015 年的一个下午，宋航蔚走进班里，学生们深情款款地齐声对她诉说。那一天，是她的生日；那一天，她的过去和现在的学生策划了一个给她莫大惊喜的生日班会；那一天，她深刻地感受到了职业的幸福。

她爱学生，爱得真诚，努力教导学生懂得感恩，懂得付出，懂得承担。她的真情也赢得了真心。"我想，我们如此自然地喜欢她、尊敬她、爱她的原因十分简单，那就是，她用她自己的全部，不求回报的、单纯地爱着我们。"在学生眼里，她是一个可以交付真心的老师。（田心瞳）

故 事

宋航蔚的幸福密码

宋航蔚当教师的幸福密码：爱学生，被学生爱，在爱与被爱中享受当老师的简单快乐。

她的成长她的付出

20 年前，一个只比台下的学生大 6 岁的女孩，亭亭地站上了中学的三尺讲台：一头黑亮的发，齐齐地洒在肩上，挺着瘦削的肩，面对底下几十双眼睛，用最嘹亮的声音叫了声"同学们好！"这一叫，就叫了 20 年。

二十年来，从业至今，她实实在在地体会到这个职业的辛苦，但也从中收获了幸福。

当年，宋航蔚作为一名外地大学毕业生，怀着对北京的向往，从进京面试的一百多名学生中脱颖而出，来到了这片完全陌生的北方城市。

因为进修学习，她走进了北京市陈经纶中学，从此和这所美丽的学校结下深厚的缘分。这所拥有一流教学设施、一流教学团队的学校，点燃了她的斗志：20 年的磨砺，宋航蔚从一名普通青年教师成长为北京市区级骨干教师；从一个不够自信的小丫头，成长为能胜任高中各年级各班级主科教学的中坚力量。

宋航蔚说是陈经纶学校给了她这样的机遇与信心。记得她刚到这里与校长面谈的时候，校长看着这个不够自信的新老师，只问了她一个问题："你有多大把握在这里工作？"她低着头小声地回答道："我不知道自己有多大把握，但我会认真地做好工作中的每一件事。"也许就是因为"认真"二字，让她赢得了一个试讲的机会，也正是基于"认真"的心态，宋航蔚一路前行。

认真学习教学方法，自己琢磨教材教法，没有课的日子，宋航蔚就搬着凳子去听师傅讲。她不拒绝学校给予她的一切任务，只要是对她的专业发展有利，对学生有利，她就会全情投入，力求做到最好。

曾记得，因她的爱人在西藏边防，为了完成高三教学任务，她不得已将孩子送回了老家；曾记得，为了完成一份让自己满意的教案设计，她反复修改，有过一节课设计 11 个不同版本教案的"疯狂"举动……20 年里，她换了好多本手写教案，直到今天，仍就改不了这个习惯。

朋友说，宋航蔚是一个拥有小草人格的人，不求引人夺目，却有力透石缝的坚韧。1996 年刚入职的宋航蔚从众多北京新教师手里拿到工作的第一个奖励：北京教育学院朝阳分院颁发的 96 级中文新教师班优秀学员奖。从此，她一路过关斩将：从 2007 年开始，个人几乎年年获得教育教学奖，所带班级也多次获得优秀班级集体荣誉。

褪去光环，洗除铅华，教师这个职业，今天于她而言，不再是浮于表面的虚设。这就是 20 年从教经历给宋航蔚带来的成长感悟：守住寂寞，潜心前行。

她的温暖她的快乐

"让自己成为别人回忆中感到温暖的那个人。"这是宋航蔚常常说给学生的一句话。在宋航蔚的教师生涯中，最重要的人就是她的学生。

这些可爱的孩子一批批地从她眼前离开，带着他们对未来的渴望与对梦想的追求，如同蒲公英的种子，乘风远行。然而，不可否认的是，他们每一个人都是她成长之路上最重要的组成部分。

学生们见过宋航蔚笑得不能自禁的模样，也曾经和她一同流下泪水。学生和她曾经在课堂上高谈阔论，也曾经在课下交换过对生活的看法。至今，宋航蔚的本子里还夹着一个孩子给她写的话："宋老师，谢谢！作为三班的一个学生，作为一个仍然体会着人间暖情的孩子，我恳求您接受这两个字。作为老师，您给了我们做人的自主空间，同时也没忘了给予正确的引导，您每一次真情的教诲都可以让我动容。谢谢！"宋航蔚说，这样的信任是她疲惫不堪时最好的慰藉，伴随她风雨同行。

2013 年高考过后，她又接了一批新学生，他们有一个特殊的名称：北京市陈经纶中学 2013 级科技英才班。学校把这个班交给她的时候，给了她信任，也给了她压力。她是一个语文教师，却要肩负起一个以科技教研为特色教育的班级。她知道，自己将面对的是更严峻的考验。

果然，一年不到，宋航蔚就感觉疲惫不堪。常有同事关切地问她："你看上去好累。"是的，带这个班，她真的很累。

宋航蔚的家离学校有20多公里，但担任班主任工作以来，她却从未出现过迟到早退的现象。每天早晨坚持5点20起床，一大早就来到学校，来到学生身边。一年来，不计时间、不计报酬，专心致志地关注着班级里每一个学生的发展和进步，大量的休息时间都是在和学生交流、教学、活动中度过的。

除常规的班级工作外，她的班还承接开展了各种形式的科技研究活动，小到周末去听讲座、听报告，大到全班外出去内蒙古、广州等地进行科学考察实践，她都参与了组织与管理。

付出自有回报。2014年6月12日，科技人才班开展了"高一（3）班'科技放飞梦想'科学实践考察汇报班会"，得到了与会所有领导及家长的好评，并获得了区级班会奖励。一年来，她的学生也在市区，乃至全国大大小小的科研课题竞赛中获得了不少奖项与荣誉。

宋航蔚从不缺失任何一次班级的集体活动或竞赛。高一（4）班有一个孩子在他的大作文《我和我的老师》里这样写道："宋老师是三班的班主任，她总能出现在他们班活动的现场为他们班加油助阵，特别让我感动。"

这就是宋航蔚，一个特别希望帮助学生的人，她对学生的培养宗旨就是这句"让自己成为别人回忆中感到温暖的那个人"。而她也是努力去做那样的人，她希望自己带出的学生，少一些唯分是图，多一些人情味；少一些自私势利，多一点互助友爱。她希望他们单纯一点、可爱一点，也温暖一点。这样，才不辜负少年时。

她的坚持她的收获

学习上，宋航蔚始终坚信：内因是根本，外因是条件。

在她看来，学风的养成必须依赖班风，而班风则是班级中每个孩子的精神氛围和行为意识特点。她认为，班级中每个孩子都有向上的原动力和为自己的梦想奋斗的使命感，那么学习成绩自然就会上来。班级中每个孩子都有正能量，懂得关爱与奉献，那么就会营造出一个有爱的集体。

两年来，她无时无刻不在动脑筋想办法动员学生，激励他们力争上游。她会利用班会进行做学问与做人各类教育，捕捉点滴细节进行教育与引导。不知不觉，班级各个阶段的学风班风建设主题班会开了很多，远远超出了以往的工作量。

了解宋航蔚的人都知道，她不是那种为了完成学校德育任务而专门开班会的教师，而是根据自己的观察与积累，在适当的时候进行渗透教育。当觉得某一话题有利于孩子们思考并有改进的价值，她就会去收集资料，进行备课，或者有时仅仅是灵机一动，利用教育契机，达到梳理的效果。

一次，有一个学生来找她沟通他的想法，说班里同学在物理课上听老师说起一个同学，因搞科研而身受辐射，年纪轻轻就死了。这时候他观察到同学中有人笑起来，他心里很不是滋味，觉得他们对死亡怎能如此不敬。宋航蔚眼前一亮，多好的孩子！他能在这细枝末节中看到身边人的问题，并能反思，这是多么好的教育契机啊。

于是，当天放学，宋航蔚把这个学生留下来，跟他一块备课。告诉他自己想到的东西：美国的阿灵顿公墓，奥巴马针对 29 个遇难矿工的演讲；中国前一段时间将志愿军烈士遗骸隆重迎接回国等等。"死生亦大也"，对于死，我们必须心怀严肃与庄重。第二天，他们设计了两则新闻引诱学生犯错，果然同学们冒出了笑声之后，他们继续下面的主题，随着演讲的持续，笑声再也没有了，只剩下思考与反省。相信那天，每一个孩子获得是对生命的尊重意识。

宋航蔚认为，老师没有必要一定要拿出专门的时间，用刻意的手段给学生灌输一些理念，却可以在自己的课堂以及与学生交流的点滴中渗透，用心影响。

2015 年，宋航蔚的学生在全区的语文统考上成绩领先。她说，她真的没有占用多余的时间或加大作业量，而是每一节课上总会加入一些值得学生思考或是有价值的体会与感悟，时间长了，他们认识打开了，眼界开阔了，内容丰富了，思考深入了，作文就明显有了优势。

这就是宋航蔚的成长记录，一本用爱与认真书写的从教历程：付出着，成长着，温暖着，快乐着，坚持着，幸福着。（红袖子整理）

观 点

情字当头，管家有礼

——构建和谐的师生、生生和家校关系

作为一个成功的班主任，要问她的秘诀是什么？——情字当头，管家有礼，构建师生、生生和家校间和谐的关系。

一、生生情：重设计　巧安排　生生之间情义浓

1. 用座位拉近孩子的距离。高一时，我将班级的桌椅安排成了同桌式。基本上做到男生平均分配，每两周单组间轮换一次，让他们在不同的变换中，体会不同的同学的特点。高二时，为培养学生的独立思考能力与习惯，我把座位再次调整为单人单行，但同时建立起左右互助的学习小组。高三时，除继续推行单列之外，我还加强小组的竞争量化，促进学生发展。一个座位的变化，使学生之间保持着合作与竞争。

2. 用活动来促进同学之间的了解。比如，让同学自己策划班会，布置展板，利用语文早读开展小课堂，展示每个学生自己的风采。还有就是组织学生积极参加年级校级的各项活动，在活动中促进学生的感情。分小组也好，合并也好，参与活动磨合感情，同学之间变得融洽和谐。

3. 用细节营造和谐的氛围：做好学生的常规管理工作，将从严要求和人文关怀相结合；同时加强常规的纪律管理。注重对细节的处理，班级始终保持卫生双优，达到年级免检的标准。在窗明几净的教室里安静地自习，这对他们的学习真的起到了辅助作用。营造一个乐学、上进、有序的学习环境，保障每一个学生以平稳心态度过高三追梦的岁月。

4. 用情感激励学生的梦想。生生情在高三压力最大的模拟考试前起到的作用不可小觑。在一模动员班会上，我发给学生们一人一张 A4 彩纸，让他们给自己

的好朋友写考前鼓励打气的话。这类小小的暖心之举，往往能影响着班里的每一个孩子，成为他们坚持奋斗的最后动力。

二、师生情：重细节　讲感恩　师生合作现爱心

成绩的提高，离不开我们的科任老师。我常常利用一切机会向学生宣传这些学科老师的付出，让学生看到并感受到老师的期望与辛苦。开学前收集老师特色，隆重介绍，让学生知道，他们拥有学校优秀的教师团队。平时也注意捕捉老师辅导学生的无私之举，让学生得到真切的感受与教诲。同样，我也发现学生对待老师的点点善举：帮老师拿取物品；在老师生病时，自发地送祝福、买治嗓子药，诸如此类，我会在班里郑重表扬。师生共同营造出一个有爱的集体：老师爱学生，学生能发自内心尊重并热爱他们的老师，班级的各科成绩才能稳定上升。

三、家校情：互尊重　常沟通　目标汇通家校情

1. 尊重。与家长的对话要平等有尊重。强调家长是孩子永远的班主任。将自己的带班目标与理念充分地传达给家长，取得他们的信任与理解。

2. 鼓励。在家长会上，对于家长付出的一些努力作针对性的表扬。勤收集日常生活中与家长沟通的点点滴滴，表扬做得突出的家长，促进大家共同进步。

3. 沟通。建立家校沟通的渠道。鼓励家长建群，我常常发一些班级照片，并以小日记的形式及时发给家长，便于家长了解孩子在校的生活。相互的理解与信任，形成了融洽的家校关系。

四、生活情：培养社会需要的人

教育真正的目的不是应试，教育应是塑造人的事业。无论是外出科考时，主动承担起当地贫苦牧民的家务事，还是捐出自己仅有的物资帮助孤寡老人，或是积极参加校团等组织的志愿服务活动，我都力求让学生学到如何关爱社会中的弱势群体，如何做一个能帮助他人的人。

总之，让学生成为一个有情感的人，让班级成为一个有情感的"家"。我坚定地认为：知礼、明耻、好学、乐学——这才是真正的优生！（宋航蔚）

旁 白

他人眼中的宋航蔚

书香经纶，盖师者性格亦迥异也，幽默风趣者有之，沉稳内敛者有之，严苛古板者有之，淡然自若者有之。致学半载，而受师道之荫可泣也，其记忆深刻者，莫若授余语文之道者，姓宋，名航蔚也。

其形貌昳丽，谈吐不凡，长发及腰，有如吴歌婉转，亦如水光潋滟。不禁哑然无声，心中暗自赞许有加。及数月之后，益觉其管理有方，师德示人。余身陋习良多，时时间进办公之地，入则垂头丧气，信心全无；出则挺胸抬头，重新做人。盖师之功也。

——学生张漱匀

宋老师是一个热爱生活、积极进取、工作负责、真心爱学生的好老师，对待学生即是老师，又是朋友，也似妈妈。我们很高兴孩子能遇到这样的班主任！

——家长（宗禹林妈妈）

上课如行云流水，张弛有度，徐缓有节，受益匪浅。

——王学东（北京八十中学教师）

自白

宋航蔚自画像

自我评价： 双子座，性格多样。有时开朗活泼，喜欢与人分享感受，交流所想，有时又喜欢一个人安静地做事想问题。带班的时候，比较细腻，爱操心，但发现问题也绝不姑息。亦静亦动，不好捉摸。

人生格言： 以善心处于顺境，以静心安于逆境。

影响最大的书：《目送》。

启发最大的两句教育名言： 我们教育的第一目的不是培养"生存技能"，而是要提高"生命质量"。也就是说，教育应当把培养优秀的人性、培养有质量的生命作为第一目的。（刘再复）人生唯一有价值的，是有活力的灵魂。（爱默生）

教育教学观： 1.坚持正面教育与榜样引导。2.培养学生理性思考问题，及感性的人文关怀精神。3.让自己成为别人回忆中感到温暖的那个人。4.坚持培养学生的思维品质为教学的第一要务。5.发挥学科优势，建立大语文的学习观。

心目中的好老师： 一定是一个好人，不是为了名利而成为的好老师，是为了学生而自觉成为的好老师。

心目中的好学生： 好学乐学的学生，可以不聪明但不可以冷漠自私。

心目中的好学校： 有活力、有创新、有人情味的学校

处理师生关系： 和谐，信任，相互促进，教学相长。

取得成绩的经验： 认真做好手中的事。我是一个外地入京的大学生，没什么背景，也没什么人脉，有的就是专注与踏实。这可能是我能取得一些成绩的最主要的原因吧。

工作与学习的关系： 学习是一辈子的事业，工作之余，看书，看好看的电影，和女儿一起玩。

补 白

宋姐趣事速记

被学生封为"拍照狂魔"，拿一手机，看见好的拍，不好的也拍；拍睡着的学生，也拍玩得特嗨的学生。最有意思的是，上着她的课，她要觉得这部分学生发言特精彩，立马拿出手机开录，一边录一边启发。有一次，她的手机从教案袋里滑出，摔在地上，害得她花了九百块重修，就这样，还不改这习惯。但也正因为她狂魔一般的执著，才给我们留下了几百张成长图册，构成了高中生活五彩斑斓的记忆。宋姐说，等我们毕业了，这就是送给我们最好的成人礼礼物。

宋姐下课后喜欢赖在教室里不走，常常听到大家说的事情，惊奇得睁大眼睛。我们私下里认为，宋姐在讲台上讲课时一板一眼，很有范儿，但下了课，智商就有些不足，好多东西都不知道。有一次连堂课，她让大家说一个作文题《比_____更可贵》之立意，让大家用句子的方式告诉她：比____更可贵的是_____。中间做眼保健操时，宋姐对一女生说："把灯关了。"大家抬头，发现灯明明是关着的。于是一男生大声地说一句："比眼神更可贵的是智商"，全班哄笑，宋姐"恼羞成怒"，大叫："下节课，你主发言！！！"

喜欢在微群里给我们发她读到的好文章，事无巨细地在群里一再交待，无人响应，就直接点名，问班长，收到信息没，我们都爱潜水在群里看宋姐"自娱自乐"。她不知道，我们不出声但都在默默关注她的信息，我们知道那些全是宋姐的心意。对了，她有一点做得很好，不注册QQ，也从不打听我们空间的事，如果愿意我们自然会跟她说，她说如果她去了，我们就聊不自然了，总得给我们一点自己的空间。

4.宋其云："全能"老师口头禅

——帅文一，其努力！

她曾被学生评为"讲课最好的老师"和"最善管理的老师"。在教学上，她以问题引领学生，注重对学生思维的培养，深入浅出，踏实务实，教学成绩突出。她十年中所带班型全面，在历届高考中成绩优异。她就是北京市数学学科骨干教师、陈经纶中学数学教师宋其云。

印象

"全能"宋老师

"超市有'三全'水饺，我们有'全能'宋老师！"学生说起宋其云时，用了这样一个有趣的比喻。每天，宋其云都会带着灿烂的笑容走进教室，为她心爱的学生开启新一天的求学之路。

在学生心目中，她是学生敬爱的数学老师。课堂上，她传授的内容不拘于课本。因为数学对大部分文科生而言，实用性更加重要。她鼓励学生自主走上讲台讲题，这不仅加深了学生对题的理解，还锻炼了学生演讲的能力和勇气，对文科生是很有意义的。

除此之外，宋老师课堂效率高的一个原因就是善于举一反三，用联系的观点看问题。她往往会精心挑选出具有代表性的题来讲，重在讲思路，引导学生归纳解题方法，使他们熟练掌握最本质的、最核心的知识。"她是一位用心良苦的好老师。"学生们说。

课堂下，宋老师很重视学生的个人发展，很少束缚学生，总是尽可能地为学生提供更加自由的发展空间。同时，她还是一位乐于与学生沟通的老师，把学生当成朋友，学生们也愿意向她敞开心扉。

在学生心目中，她还是一个当之无愧的美女教师。她的衣服不是名牌，但很好看，而且穿出来端庄大方。除了外在美，宋老师更加注重心灵美。在学生眼里，宋老师更像一个亲切的大姐姐，无时无刻不在关心着你，鼓励着你。

这样一个美女宋老师，怎会不"全能"？（王 冬）

故 事

"帅文一，其努力"

这是什么意思？是不是写错字了？——没有！这是美女宋老师建立的班级微信群的名字，她语带双关，高二文理分科后，她要和帅帅的文一班一起加油了！

宋老师常说："教育的目的不仅仅是启迪智慧，更重要的是完善人格。"她会认真分析学生情况，因材施教。比如带文科班时，由于是平行班，学生的层次很鲜明，数学棒的学生，没听完就能得出结果，基础薄弱的，往往听几遍还一头雾水。这也是文科数学老师最纠结的地方吧！所以，学校倡导的"全人教育"成了她的口头禅。全体——每一个学生；全程——学生在校的所有时间；全科——关注学生的所有学科；全面——除了成绩，能力、品行、心理也很重要！

以诚相待，让学生做一个真实的人

"真诚"不但是宋老师的做人之本，也是她走进学生心灵的"金钥匙"。

进入高二，老师都会千叮咛万嘱咐自己的学生——上课不能玩手机，否则后果很严重！可是有一次，安静的数学课堂突然传来了手机铃声，是……很不幸，宋老师的手机响了。原来她的老手机坏了，刚换了新的，一心研究教学的她根本没空研究手机的功能，于是就出现了这一幕！

所有人都能想象到她的尴尬，她的做法是——给学生深鞠一躬后直接道歉："手机是刚买的，不太会用，对不起，以后不会再这样了。"原本看热闹的学生无言相对。事后，学生在班级日志中写道："发生在课堂上的'手机事件'使我感受到了您的真诚，一声'对不起'，一个深鞠躬，很容易就得到我们的谅解。在我看来，不'完美'的您一下子变得那么亲切、可爱。"

宋老师认为，每个人都有很多缺点，会犯很多错误，教师要为人师表，也不必在学生面前一本正经地时时表现出"好榜样"的样子。手机事件拉近了她和学生的距离，课下还有手机高手教给她新手机的使用方法。这一"真诚大招"敲开了学生的心门，手机事件的尴尬就这样云淡风轻地化解了。美女宋，有一套！

细心关注，让学生做一个有爱心的人

众所周知，教育是需要爱的，没有爱就没有教育。在宋老师这里，爱是永恒的教育理念，只有真正的爱学生，才能教育好学生。但是，高三的学生，其实想说"爱你"并不容易！

期中考试后，家长会前期，班里一个平时喜欢幽默搞笑的学生，却出乎意料地写了一份伤感至极的日志（《班级日志》可是宋老师的治班法宝，每个学生想说什么都可以在"日志"上写出来。）。

摘录如下：

爸爸："期中考试多少名？"我："22。"爸爸："才22名？还差得很远！"爸爸转身离开，没看到我落寞的眼神。虽然这个22名，名次并不很高，可是我真的……已经很努力！对我而言，进步了，为什么，就不能给我一个鼓励呢？为什么你们看到的只是成绩不是努力？

这篇日志，使宋老师感受良多，她决定施展自己的"爱心攻势"。

首先，她与孩子沟通，了解孩子的诉求。接着在班内进行了一个小型的调查，发现这种情况并不少见，于是适时地调整了家长会的方案。

在家长会上，原来的"以分说话"改成了"日志分享"。宋老师要让家长明白，学生在学校是分秒必争的，成绩固然重要，但是只关注成绩，就会出现很多问题。

路铺好之后，就到了关键环节——日志分享。当熟悉的字体出现在大屏幕上时，那位孩子的父亲很意外，一下子就惊住了！美女宋开始抒情——那位父亲模糊了双眼，不少家长在反思中湿了眼角……

第二天，当学生们一改往日家长会后的失落，而对她"温情注视"时，她美美地笑了！

开放交流，让学生做一个自信快乐的人

"帅文一"在宋老师的管理下，越来越帅，各种"帅气"的表现让她的学生不管什么活动都积极参加并且成绩斐然。这源于她对学生自信的培养。

她常说："自信快乐是每个人成功的基础，培养孩子的自信心是我们每位老师的责任。"

记得有一次，为了班集体更好地发展，宋老师提出换换座位。她结合同学们的性格特点、身高、成绩等因素，制订了一个初步的方案。之后把这个方案放在班级QQ群里，征求学生的建议。少数学生有意见是在意料之中的。但有一个学生特别激进，他认为座位的安排一定要听取每一个人的意见，要进行投票表决，并号召大家起来为民主自由而战，且在表达时用了很多激进的词汇，什么"目中无人""说一不二"等等。

班里"愤青"多啊！换个座位也能换出"目中无人"，我们宋老师举起了"指挥棒"——同意投票表决！利用中午午休的时间进行班级讨论，40分钟午休时间结束后，不光是没有可行的方案，甚至连任何建设性的意见也没有得到，最终不了了之，座位调整只得按照最初方案进行。

事情虽然解决了，但有很多值得思考的地方。又一次班会话题产生了：在集体生活中，我们有从个人利益出发的诉求，或者从集体发展角度出发的建议，要不要说？怎么说？当我们的诉求得不到满足的时候，我们应该如何对待？宋老师针对这些问题组织了一次微型辩论会，大家充分交流，碰撞出"敢言带来蜕变""意愿不是全部，要学会换位思考""民主应该从身边做起""民众的权利主要体现在监督而不是决策上"等特色鲜明的观点，真是"一石多鸟"，不得不服！

在宋老师眼里，每一个学生都是独立的个体，不是千篇一律的，对教师而言，爱的方式就是不知疲倦地发现、珍视每一个学生的闪光点，成全或者造就他们的独一无二。（红袖子整理）

何妨吟啸且徐行

——做好学生的引路人

"莫听穿林打叶声，何妨吟啸且徐行。"作为高中的数学老师和班主任，我一直把苏轼的这两句词当作心中的那把尺子，来衡量自己的工作。特别是到了高三年级，学生和我都需要用态度支持行动，凡事做到"张弛有度"。

一、抬头看路，师生共同确立班级奋斗目标

一个人的成长离不开所处的群体，正如一滴水只有放进大海里才永远不会干涸。同样，一个学生的成长也是和班级息息相关。良好的班集体对学生的健康发展有着巨大的教育作用。每个班集体都应该有一个集体的奋斗目标，这个目标应是远期、中期、近期目标的结合。逐步实现目标的过程会产生梯次激励效应，形成强大的班级凝聚力。

每次接手一个新的集体，在第一次班会课上，在互相介绍完姓名等基本信息之后，我都要给学生留一项作业："我们班的奋斗目标是什么？"在下一节的班会课上，我会精选出学生撰写的"目标"，进行分析和解读，进一步完善和修改后，由师生共同确立。这样做也是为了尊重每个学生的权力，树立他们的主人翁意识，高中的学生非常在意老师的尊重。

比如2014年我所带的高二文（1）班的班级发展目标是"建设一个开放交流、严谨规范、师生和谐、有竞争力的班集体"。个体发展目标是努力成为一个"知道感恩、懂得回报——能付出的人；胸怀理想、遇事坚持——意志坚定的人；行为规范、心态平和——认真做事不功利的人。"把这一目标具体化，从细处着手，把常规要求、卫生、学习各项要求落实到人，这样一来，学生有章可循，目标明确，班级面貌发生了巨大的改变。

二、耐心引路，做好学生的心灵导师

学生在成长过程中会遇到各种各样的问题：成长带来的生理和心理的困惑，学业竞争的压力，来自社会的干扰，交往中的烦恼，对周围世界的不理解，以及随之而来的焦虑不安。这种不良情绪具有潜在的破坏性，在一定的条件下可造成学生的行为失控。

学生有了这些情绪又苦于无处倾诉和排解，缺乏必要的疏导。因此，我购买了一个精美的笔记本，作为《班级日志》。我想让班级所有成员轮流担任值日班长，以日记形式对班集体及学生各项活动情况进行记录。我从班级日志里观察学生：英文好的，全英文记录班级情况；文化底蕴深厚的，就秀一篇独创的现代"文言文"；美术功底好的，就采用连环画的方式，图文并茂地进行展现！学生真的太有才了！

一次有个学生写了满篇的英文，教数学的我看得莫名其妙，特意请了英语老师进行翻译，才拼凑出大概的意思——青春期少女单相思的苦恼。我让英语老师用英文对她进行了开解，这种无声的教育，拉近了师生的距离。

《班级日志》得书写不仅成了我和学生心灵沟通的桥梁，也成了我管理班级的"法宝"。通过阅读，我对每个学生的心理状态和班级中发生的事情都了如指掌，可以及时对学生加以指导、点拨，必要时单独面谈。这样一来，许多问题在萌芽之中就得到解决。

三、低头走路，教育学生脚踏实地做好每件事

一个决心足够坚定的人，没有任何事情可以阻止他前进的步伐。班级管理的最终目标是为了每一个学生的成长和发展。我认为要加强班级管理，首先要解决好学生思想和认识上的问题。

比如任教高三时，我会与学生统一一种思想：高三不苦。高三也需要休息和娱乐，要为了实现理想而努力奋斗。我希望我的学生做到"学得踏实，玩得开心，快乐高三，无悔青春。"

开学初，我会召开以"希望之旅"为题的主题班会，让学生总结他们在高一和高二阶段的得与失，特别是对"失"的部分进行了深入的阐释。引导学生反思

自己的行为，在此基础上展望未来，解决一个认识问题，高考成功的秘诀是："自信、自律、坚持"。我让学生明白，每个人都有希望，但希望不等于空想，算算失去的时间，只有一步一步、脚踏实地地往前走，坚持下来，才能把"希望之旅"变为现实。

只有让孩子清楚自己追求的是什么，并且能做什么，才能更好地把握好自己发展和前进的方向，不至于迷失自己。作为高三的班主任，我有义务教育学生脚踏实地做好每一件事，切忌好高骛远和拔苗助长。

四、慧心铺路，给学生创设施展的空间

文科生大多思维比较感性，有着丰富的情感世界，有时会对一件很小的事情进行深入得思考。他们大多高一、高二成绩不太理想，因而对自己信心不足，敏感、爱面子、怕出错，进而形成遇事不够主动的特性。

我对班里个性比较强的孩子进行了特别关注。例如小鸽子，这个孩子虽然散漫，天天跟男孩子混在一起，但很有人缘，且有集体荣誉感。运动会的开幕式我让她担任导演，她很上心，最后我们班获得了"入场式最佳创意奖"。

在运动会的总结班会上，她动情地说："来到文一班已经一年多了，总觉得文一班是个非常与众不同的集体，每个人都特别有自己的性格。有活泼外向的，有沉静内敛的；有好文艺的，有好体育的；有学霸，必然，也有学渣……表面看起来这个班级好像分割成了很多不同的小世界，感觉都不是一个世界的人啊！可是每次集体活动却让人发现，其实文一班的每个人是那么的不同却又那么相同。不同的是我们性格，相同的是我们团结的心。"

多年的教育教学经验使我领悟到，没有一种教育模式适合所有的学生。要充分了解学生，宽容学生，适时引导学生而不是改变学生；要有一双发现的眼睛，相信每个孩子都是独一无二的。

"世上本无路，走的人多了，也便成了路。"高考之路只是人生的一段，虽然重要但并不唯一，要想顺利通过只能一步步向前走，在这个过程中难免会有些许的挫折和困难。所以"莫听穿林打叶声，何妨吟啸且徐行。"作为老师，我希望怀着这样的心态，陪着学生在这条路上徐徐而行。（宋其云）

旁 白

他人眼中的宋其云

宋老师除了让我在学习上对数学有了新的认识，在师生相处上，更让我知道了什么叫忍耐的高境界。我起初多番地找茬、不尊重，在宋老师那里这都被当作换老师的小孩子脾气。我给宋老师起了个外号叫"阿宋"，她一听到我叫每次都答应，就像大朋友一样在我毕业之后还能联系聊天。虽然一年时间很短，但是我相信一年后，宋老师能教出更多优秀的学生，把她的教学经验带给更多的班级。

——学生潘楚垚

说起宋其云，在朝阳区教过高三数学的老师都知道，就怕她教高三，没办法比。她教高三，我最放心。听她的发言和汇报最朴实，里面没有那么多高深的理论，全是真东西，听了拿来就能用，用了就好使，学生的分就能涨。陈经纶就需要这样的老师，实在！

——张德庆

第一次听闻宋老师，那可是"如雷贯耳"啊！一点儿也不夸张！就在前年，高考过后，陈经纶中学文科班出了两个数学满分——那可是北京市的单科状元啊！宋老师就是培养他们的数学老师，得知她即将成为儿子的班主任后，我心中难免欣喜——谁都知道，文科的孩子要拼数学啊！

——学生家长王晨光

自 白

宋其云自画像

自我评价： 在别人眼中，我是一个性格开朗，大大咧咧，不拘小节的人。但其实我是一个追求完美的人，要强，独立随性，希望每天用最好的状态展现自己最好的一面，因此有时会感觉累，也会因为担心自己不够好而错失很多可以让自己成长的机会。

启发最大的两句教育名言： 教育不是雕刻，而是唤醒。（李政涛）提出一个问题往往比解决一个问题更重要，因为解决一个问题也许是一个教学上或实验上的技能而已。而提出新的问题，却需要有创造性的想象力。（爱因斯坦）

教育教学观： 1.无论是班级还是个人都要有目标，尤其是短期目标。2.要让我的学生成为一个乐观、自信的人。3.作为一个老师，要为学生搭建平台，给学生空间，让学生成为更好的自己。4.作为一名数学教师，要教给学生思维。

影响最大的书：《教育常识》。

影响最大的教育家： 李政涛。他对教育本质的认识，对教师职责的认识。教师爱的方式就是不知疲倦地发现、珍视，并通过教育的方式成全或造就他们的独一无二，没有一丝的功利。

心目中好老师： 严谨，上课风趣幽默、深入浅出，深受学生爱戴。

心目中的好学生： 会学习，能够高效率地完成学科任务，并发表独到见解，敢于和老师"叫板"；会生活，有乐观的生活态度，有自己的兴趣爱好；会思考，遇事冷静，有健康阳光的心态。

怎样理解师生关系： 我认为老师和学生就像园丁与树苗（高三的学生正处在努力生长期），当发现枝杈没有均衡生长时，我们就帮助修理一下；当发现营养不够充分时，我们就负责灌溉和"加料"。我们的任务就是让小树们在大地中稳稳扎根，即使迎着风雨也能健康成长！

取得成绩的经验和体会："简单的事重复做，你就是专家；重复的事用心做，你就是赢家。"很喜欢网上流传的这句话。作为一个一线的普通教师，我不是专家，也不敢说自己是个赢家，但我会一直努力下去。

　　工作与生活的关系：工作是生活的一部分，也是生活的经济来源和品质保障。在工作中获得的成就感，是生活幸福的最好体现！

补 白 | 阿宋趣闻

每当宋老师怒气冲冲地训诫学生时：

学生：老师，您又美了，大美女！

宋老师（羞羞一笑）：贫！闭嘴！

然后，又恢复往日的谈笑风生。

运动会

运动会入场式，本来不放心的阿宋，看到班里同学那么多才多艺，于是决定大放权，觉得自己只要鼓励就好。在阿宋的鼓动下，班里同学自告奋勇地负责起了自己特长的那一方面：有入场式总导演、副导演，有道具，有统筹协调等等。班里所有的同学都积极参与，没有抱怨，最后获得了最佳创意入场式奖项。阿宋在文一班集体中第一次组织的活动成功落幕！

卫生扫除

卫生委员阿潘一直对数学老师比较抵触（她觉得数学老师都特别厉害），阿宋接班后也是一样。她于是找到阿宋，提出要求：不希望她在每天放学的时候在班里盯值日，美其名曰希望老师早点回家。谁知宋老师一听心里乐开了花，说："太好了，终于不用操心卫生啦！"后来卫生委员和宋老师成了朋友！

5.张文静：爱上思想品德课的心理老师

　　她思品教学、心理教育双肩挑；她参与编写并出版了多本心理、思品学科书籍，多篇论文在朝阳区和北京市获奖并发表；她曾获得北京市初中教师基本功大赛思想品德学科一等奖等奖项。她在工作上可谓心理、思品双学科并蒂开花。她就是北京市陈经纶中学保利分校思想品德和心理学科教师，朝阳区思想品德和心理学科兼职教研员张文静。

印 象

文静如斯

第一眼看去，张文静老师给人的感觉就像她的名字一样，文文静静，待人和气，很有亲切感。在工作上，她的业务水平很强，像个多面手，经常承担市区级的各项任务，上公开课、教材编写、微课录制等等。她敢于面对困难与挑战，经常加班加点，不言代价与回报。对于工作，她是全身心的投入，全力以赴做到最好。在与同事相处中，她也是无微不至，同事平时工作中有什么困惑，她都会热心地帮助分析，权衡利弊。在生活中，她更是大家的"美食地图""旅行攻略"和"生活百科"，所以大家都非常喜爱她！

她的课堂轻松活跃，深入浅出，生动精彩。正是因为她是学心理的，所以她的思品课教学方式很特别，课堂上的内容资料会围绕学生的兴趣爱好和当下时事热点来准备，可以让人不走神地听课，总能说到学生心坎儿里去，让大家心服口服地明白做人的道理。这当然与张老师深厚的授课功底、敏锐的洞察力、快速的反应能力和自如的课堂驾驭能力是分不开的。

学生初次见她都会觉得她很有亲和力、容易相处，好像从来不会发脾气一样。但你千万不要觉得在她的课上就可以放松自己。她 5.2 的视力会洞察到课堂的每一个学生，实时接收同学们听课的状态，她对待学生宽容但绝不纵容。她也会"火力全开"。虽然"火力全开"，但是一不愤怒，二不咆哮，正讲得投入的她会目不转睛地盯着你，声音戛然而止，让听得津津有味的同学们寻着她的目光找到你，这种"气场"会让你迫于压力乖乖"缴械投降"。当发现你已经无地自容时，她又会轻松地开你玩笑，然后再把大家带回到课堂中来。

无论是教思想品德还是教心理健康，都是为了学生的健康成长、良好发展而服务的，教学生学会做人，做一个正直善良又充满阳光的国家公民是我们教育者的使命。张老师能够将二者巧妙地结合起来。（红袖子整理）

故事

爱上思品的心理老师

作为一名心理专业出身的思品老师，我对这两个学科都有着深厚的感情，它们就像我的左右手，可以通力协作，默契配合，让我更加自如地游走在教书与育人的工作中。思想品德课为我打开了一扇窗，让我有更多的机会站上讲台、贴近学生、了解学生，有更多与学生交流的机会，更了解他们心中所想。心理学专业背景让我站在讲台上更加从容亲和，多维度地处理学生的问题和困惑。学生只有将思想品德内化为稳定的心理品质，才能拥有良好的行为习惯、生活方式、交往方式，拥有健全的心理、健康的人格。

课堂小片段一：我们的秘密为什么会被泄露？

一节讲人际交往的课上，一名女生高高举手，迫不及待地提到她正遭遇的困惑。

"我跟我从小一起长大的好朋友闹翻了，她竟然把我的秘密告诉了别人！我特别生气，也特别伤心，她跟我发誓绝不说出去的，却不信守承诺！"

女生的问题得到了很多同学的呼应，班里一下子热闹了起来，大家都开始叽叽喳喳地说自己曾经遇到的类似的故事。我听后没有着急作答，而是笑了笑反问大家："同学们，你们知道我们的秘密为什么总是容易被泄露吗？"

女孩迟疑了一下，撇着嘴说道："是因为管不住自己呗！"一个男生也回答道："有的人大嘴巴，总想去讨论别人的事，不诚信。"

"先别急着扣个大帽子给你朋友哦"，我微笑着追问："你回想一下，你有没有也把好友的秘密忍不住偷偷告诉别人的时候？"

"这……"，女孩陷入了沉默。

我不紧不慢地开口了："这是个很有价值的话题。比起老师、家长，现在的你们更愿意把心底的秘密和好朋友分享。可为什么会出现泄露他人秘密的情况呢？其实，最重要的原因就是——秘密本身也意味着压力。"

望着大家一副吃惊的表情，我不紧不慢地继续说："是啊，心理学研究发现，当一个人将秘密告诉另一个人时，听到秘密的人已经开始承受心理压力了，当一个人内心的压力积累到一定程度而又不能说时，就会感到焦虑，因此，大多数人都会采取说出来的方法来缓解这种压力。就像你的好朋友一样，她把秘密憋在心中让她感到难受，因此才会告诉别人，舒缓自己的压力，也把压力传给了第二个人，同样的理由，感受到压力的人又会把秘密告诉其他人，秘密就会逐渐被泄露了。"

"原来是这样啊……"同学们若有所思地点点头。"是啊是啊，当我有秘密的时候，憋在心里可难受了呢。""我也是，我会偷偷告诉我姐姐，反正她说出去了也不会传到我朋友耳朵里。"……大家七嘴八舌地议论起来。

我接着说："当然还不止如此，我们可能有很多伙伴，但是要好的朋友也许只有少数几个。当我们把秘密告诉最信任的好友时却没有意识到，这个朋友的好朋友不只你一个。他同样可能把自己的秘密告诉自己的好友。秘密有时候就是在好朋友之间传递的。所以，秘密虽然被泄露了，但你的好朋友也没有到处去宣扬得人尽皆知对不对？"

女孩低声地回答："嗯，是的……"

"所以说，试图让他人永远为自己保守秘密是一件非常困难的事。秘密之所以成为秘密，是因为它不为外人所知，当你把秘密告诉第一个人时，它就已经不再是秘密了。所以，当你把秘密说出去的时候，就要做好秘密被泄露的心理准备。好朋友泄露了秘密，并不一定是故意出卖朋友，很可能是为了缓解秘密带给他的压力或者有其他的原因。想想我们自己之所以把秘密告诉别人，除了信任他，不也是因为'说出去感觉轻松一些'吗？"

"老师，我明白了，既然秘密已经被泄露，事情已经发生改变。其实每个人都会感到压力，需要有释放的时候，想到这里我自己也有种如释重负的感觉，不必因为这样就觉得好朋友不可信任，我会坦诚地去找她沟通，挽回我们的友谊。"

班里的同学们不约而同地鼓起掌来……

课堂小片段二：让灰色学生"亮"起来

在一节讲"自信"的课进入尾声的时候，我突然想到，为何不试试看同学们是否真的学有所获呢？也许他们内心的小火苗正在悄然燃起，让我为他们加加油吧！

这让我兴奋起来，我微笑着说："通过这节课的讨论分享，相信很多同学都渴望变得更加自信，也学到了一些他人的经验和激励自己的办法，但真正有效的是将这些内容付诸实践。在下面的发言中，我希望除了经常举手发言的同学以外，我能看到更多的同学大胆站起来，用你的行动让我看到你对自信的渴望，用你的声音让我感受到自信带给你的力量。"

……

鼓励的话语、我肯定而温和的目光，加上全班的鼓掌给很多从来没有发言过的同学以很大的勇气，我看到了更多平时文静不爱说话的学生举起了手，当我看到越来越多"陌生"的手举起来的时候，我也感受到了我的期待所产生的一股前所未有的自信的力量。这种力量正在形成一种气场，而自信的气场又在感染和影响着更多的学生。在这节课上，我看到了从来不曾发言的同学努力地举起手，听到了几乎不曾在课堂上听过的嗓音，这种感觉太美妙了！

课后回到办公室，我还久久回味着课堂上的每个细节。实际上，老师经常会抱怨课堂上回答问题的总是那么几个学生。很多学生在老师提问的时候，常常不敢举手，回避老师的目光。这样的学生以灰色学生居多，他们个性不鲜明，成绩不突出，表现一般，不给教师添麻烦，容易被班主任和科任教师忽略。其实，在班级中潜力最大、让老师花费最少精力取得最好效果的也正是这些灰色学生。

一位教育学家说过：如果孩子生活在赞赏中，他便学会自信；如果孩子生活在批评中，他便学会谴责；如果孩子生活在敌视中，他便学会好斗；如果孩子生活在恐惧中，他便学会忧心忡忡；如果孩子生活在安全中，他便学会相信自己周围的人；如果孩子生活在受欢迎的环境中，他便学会钟爱别人；如果孩子生活在互相帮助中，他便学会关心他人；如果孩子生活在亲情、友谊中，他便会觉得他生活在一个美好的世界。

实际上，灰色学生是最大的"潜力股"，很多的灰色学生性格沉稳内向，一般不愿意与教师多接触。教师要跟踪他们的学习动向，指导他们改进学习方法，多提问、多鼓励，课上课下关心体贴，与他们建立和谐融洽的师生关系。教师只要肯用心去思考，往往一点点努力就会换来学生巨大的进步，让我们在教育的过程中享受教育带来的成就与喜悦，同时也让更多的学生在我们的教育下阳光快乐地成长。

　　课堂是我解决成长困惑的主战场，面对大家普遍的困惑，一起分享，一起讨论，一起茅塞顿开，一起开怀大笑。当课堂上发现了具体个别的问题，我又可以通过个体辅导来解决，因为有了思品课上的熟识，也让我的个体辅导不再那么生疏隔阂，孩子们能放松地对我敞开心扉。学生通过思品课认识我，了解我，所以我从来没有把这两个学科割裂开来看待，两个学科的结合可以取得"1+1>2"的合作共赢效果。是的，我就是那个爱上思品的心理老师！（张文静）

观 点

幸福的教师才能培养出幸福的学生

有人说，"只有幸福的教师才能培养出幸福的学生，教师是一种为智慧增值的职业，是一种心灵浸润与人性化教育的职业。对于教师而言，幸福更具有特殊的意义。"但现代社会对于这个职业的评价是：职业要求高，学生家长期望高，待遇却不高。"辛苦"是我们很多老师的体会——每天早出晚归，全身心地投入到教育教学中，深入了解每个孩子的问题和困难，尽最大努力去帮助他们。结果有时候会让我备感欣慰，可也有时候会让我觉得无力和失落。

那么如何在当今这样一个压力大的社会环境下寻找自己的职业幸福，从"忙碌奔波型"转换成"感悟幸福型"呢？

首先，"苦练内功"，提高专业素养。教师的专业成长又会促进教师的职业幸福感，一个能够接受现实、悦纳自我的教师，必然能够用更加积极的心态去面对工作中所遇到的困难，也就更有可能获得成功，而成功又会激发其内心的正能量并提升其自我效能感，从而进入一个积极而良性的正循环，也会有更充沛的精力和更积极的心态去提升自己的专业素养。教师良好的专业素养使他更能感受到工作过程中的乐趣，提高自我效能感，变得更加自信；教师的专业素养会极大地影响教师自尊需要的满足。教师的专业素养也是一个人最核心、具有广泛迁移价值的一部分。因此，对一个教师来说，专业成长收益最大的人是他自己。

其次，转变心态，享受育人的幸福。作为教师，我们不妨试着用"享受"的心态来看待我们的职业。我们能够得到学生的尊重和认可，自身的价值在成就学生的同时也得到充分的体现。人的职业幸福是一种心态，也是信念与追求的体现。教师是传递爱的，有了好心态，就能笑对生活，就能爱每一个学生，就能让学生"亲其师，信其道"；有了好心态，就会少些烦恼多些快乐，少些狭隘多些豁达，就会视教育为一种艺术，在忙碌之中、创造之中收获更多的幸福，乐此不疲，虽苦犹甜。当我们的付出被他人、社会认可时，必然会无比的快乐，会被幸福紧紧"包裹"。教师这个职业是时时给予爱、收获爱的职业。将爱的种子无私地播撒于学生的心田，收获的必定是几倍于此的爱的果实。

再次，为目标而努力，同时关注自己的内心感受。向着目标去努力，你会更加专注而持久。目标就像茫茫大海中的一盏明灯，为我们指明前行的方向。心理学家马斯洛坚信，"一个人如果不能时刻倾听自己的心声，就无法明智地选择人生的道路"。有时候，在忙碌奔波中停下来，倾听自己的心声，悦纳自我，明确所做事情的意义，会让自己的内心更加坚定而平静。

也许我们从来没有意识到，教师的幸福感对学生有着非常大的影响力。学生每天与老师相处的时间长达 8～10 个小时，已经超越了相当一部分父母和子女相处的时间。老师每日接触的事物都直接关系学生的成功或失败。当老师批评学生时，其批评的方式会影响到学生对事物的看法，学生会从他敬仰的老师那里学会某种解释风格，并用它来批评自己。反之，幸福乐观的教师，能够捕捉身边更加积极的因素，去肯定学生的收获和改变现有的不足，化解学生对自己"灾难性"的看法，以更加平和宽容的态度对待他的学生，这也让学生学会去乐观面对生活，体会生活的幸福。

愿每位教师都能做一名幸福的教师，成就学生也成就自己！（张文静）

旁 白

他人眼中的张文静

张老师是我的思想品德老师，老师是学心理学的，教学方式很特别，大家都特别喜欢。老师的口才特别好，我们有什么心里话都愿意跟她说。

——学生武木子

在生活中，她是我们的"美食地图""旅行攻略"和"生活百科"，是我们的贴心大姐姐，所以我们都非常喜爱她！

——同事陈琳

初次见张老师，人如其名，文文静静的，说话很甜美，我当时就感觉这么甜美的老师教孩子们思想品德课太合适不过了。

——学生赵乐怡家长

自 白

张文静自画像

自我评价：像自己的名字，性格文静亲和，待人友善，真诚热心地与身边的同事、朋友交往。骨子里非常负责任并且坚持完美主义。

影响最大的教育家：陶行知。

启发最大的两句教育名言：世界上没有才能的人是没有的。问题在于教育者要去发现每一位学生的禀赋、兴趣、爱好和特长，为他们的表现和发展提供充分的条件和正确引导。（苏霍姆林斯基）教育植根于爱。（鲁　迅）

心目中的好老师：具有良好的专业素养，驾驭课堂游刃有余，同时具有较高的个人修养和人格魅力，有亲和力，是学生人生路上印象深刻的指路灯。

心目中的好学生：乐观向上，对自己负责，也能对他人负责的孩子。

心目中的好学校：一所好学校应该着眼于学生的终身发展，具有前瞻性的教育理念和务实高效的管理理念，创设书香、和谐、积极向上的育人环境。它具有良好的教风、学风；学生能够在良好氛围的熏陶下成长进步。它还应该是一所特色鲜明的学校，在出色完成教学任务的同时，体现优质办学的个性风貌，成就个性化教师，培养个性化学生，为每个学生提供充分发展的机会与展示个性特长的舞台。

处理师生关系：随着时代的发展，新型的师生关系除了教与学的关系外，更是一种不失师道尊严的朋友式的关系。因此在平时应注意与学生多沟通，多了解学生，从学生的角度来思考，平时要跟学生聊天。

教育教学观：1. 相信每一个学生，以欣赏的眼光去唤醒学生心底的自信。2. 教育根植于爱，宽容善良地去看待每个学生。3. 做个幸福的教师才能教出幸福的学生。4. 教育的主阵地就是课堂，立稳于课堂的教师才是一名合格的教师。

取得成绩的经验："不积跬步，无以至千里。"任何成果的获得不是一蹴而就的，没有日常教学的点滴积累和努力付出，就没有最后的成功。踏实勤恳地去面对每天的工作，没有尽心尽力，只有竭尽全力。

工作与生活的关系：享受工作，享受生活。工作与生活之间不是相互排斥的，积极阳光地面对工作，全力以赴地迎接挑战，在享受工作带来的成就感的同时也会提升个人的自我价值和幸福感，幸福地面对生活。工作的最终目的是为了更好的生活，而快乐的生活可以促进更加成功的工作。

补白

文静也"疯狂"

又到期末时：

期末复习阶段，我抱着一摞卷子走进教室，学生无奈反抗我说："初三马上要会考了，今天只是做复习卷子，一边做题一边跟我一起把知识点过一遍，省得回家再复习了嘛。""老师，您就行行好，让我们放松一下吧！""好吧，那就放松一下，不带着做了，直接考试，把书合起来！""就当我们没说，老师我们开始复习吧。"我在心里"哼哼"了两声，老虎不发威，你们当我是hellokitty啊。

憋出抑郁症：

上课刚五分钟，一个男生举手报告："老师，我能去上厕所吗？"我反问："你课间为什么不去？""我课间忙着呢。""忙着踢球吧？看你满头大汗的。课间不去，上课了就不许去了。""老师啊，求你啦，时间长了我会憋出抑郁症的！""抑郁症要持续30天以上才能做出诊断，我给你记着，今天第一天，看看30天后会不会得。"旁边同学悠悠地冒出一句："班门弄斧，撞枪口了吧？"

柠檬社

我平时最不爱喝白开水，冬天总爱上火，电视上说柠檬蜂蜜水美容养颜又去火，我就在家做了一盒，喝起来味道不错。好东西要大家分享，我就拿到办公室跟大家分享。同事们一拥而上，一盒柠檬蜂蜜瞬间就被瓜分了，喝后好评如潮："这柠檬水真是好喝啊，酸酸甜甜的。""自从有了柠檬水，我的饮水量从一杯变成了八杯！""柠檬水，喝一杯想两杯，喝两杯想三杯……"……

6.池志丹：处女座老师的完美爱

她从教十二年来一直担任班主任工作，是北京市"紫禁杯"班主任大赛一等奖获得者；她所带班级曾获得市区级"优秀班集体"等称号；她两次被评为"儿童文学明星教师"；她多篇论文获区、市级奖项，辅导学生参加作文比赛、演讲比赛、故事比赛多次获奖。她就是北京市陈经纶中学帝景分校小学语文教师池志丹。

印 象

处女座池志丹的完美爱

她是一个典型的处女座：追求完美。

她的学生说："和您在一起的日子中，我能感受到您对于教师工作的那种热爱，您是有着强迫症的处女座，以至于每一项工作都追求完美。走进中学后，我的生活和学习仍然深深地受到您的影响，那是您教给我的一种融化进血液里刻骨铭心的对于梦想的执着。"

她是一个八零后，却已经在自己喜欢的教育岗位上工作了 12 年。她教过一拨又一拨的学生，她始终坚持一个原则：千教万教教人求真，千学万学学做真人。

在班级管理中，她"自管自育"的管理方法，使班级形成了"依法治理"的局面，带出了一个又一个充满爱和活力的班集体。在课堂上，她坚持"问题从学生中来，再回到学生中去"的授课模式，坚持"以教师为主导、学生为主体"的教学原则，营造师生互动、生生互动的融洽氛围，坚持追求有生命力的课堂。她的多篇论文荣获市区级奖项。

她爱学生。"天再怎么高，执意地踮起脚尖，就会离太阳更近一步，就会早些感受到阳光。"这正是对她执着于教育梦想的写照。（盖雪涛）

故事

有了爱便有了一切

我很喜欢冰心老人的这句话：有了爱便有了一切。教书育人是教师的天职，而"育人"更是班主任的首要天职，其中"爱"是根本。爱学生就要了解学生的各种习惯；爱学生就要尊重学生的人格、兴趣爱好，然后"对症下药"，使学生具备健全的人格。这就是我在多年班级管理工作中始终坚持的理念。

在细节中尽显爱的力量

班主任要学会并善于用细节去感染、激励学生。我常教育孩子们：我们来到学校不仅是学习知识，同时也是学习怎样做一个有用的人。无论做什么事情，尽力就不会后悔。

记得那一年的跳绳比赛，我们班的成绩不是很理想。比赛结束后，教室里异常的安静取代了往日的欢闹，就连平时活泼好动的那几个同学也伏在课桌上伤心落泪。此时，我面带微笑地说："大晴天的，怎么下雨了？"孩子们抬起头，惊奇地望着我，有个孩子忽然站起来说："池老师，你责怪我们吧，我们不好。"我很平静地回答："你们想让老师'打雷'啊？看到你们集体荣誉感这么强，老师心里高兴还来不及呢。别难过了，大家都尽力了，我很高兴，没什么可责怪的？在人的一生中，这样的竞争、比赛太多了，凡失败了都哭鼻子吗？"大家摇摇头。"那怎么办？"我问。有的孩子说："找到失败的原因，争取下次成功。""对！"孩子们异口同声地说。我当天留了一项作业，让孩子们写自己的感受。有的写道："我们班在比赛中输了，没想到老师不但没生气，也没批评我们，反而鼓励我们，下次我一定要更努力。"有的写道："我觉得老师像我们的妈妈，更像我们的朋友。"……没想到老师的一点点宽容、一点点理解、一点点关爱，却渗入孩子们的心田。更没想到，在我校举办的运动会上，孩子们在赛前向我保证："老师，这次我们肯定能取得优异成绩！"我笑着说："只要尽力就好。"这次比赛，他们成绩很棒。为了鼓励他们，我请他们吃冰棍，赠送给每个运动员一个写有祝福语的笔记本。看着他们的笑脸，我的内心充满了欣慰和感谢，感谢他们带给我心灵的快乐。

特别的爱给特别的你

后进生在每个班级中都是普遍存在的，而后进生形成的原因又是多种多样的，这就需要我们班主任有更多的耐心和爱心。

我教过这样一个学生：说话、写作业等都很慢，学习成绩更是一塌糊涂。正在我思考如何帮他的时候，意外发生了——他的腿摔断了。四个月的治疗和修养后，他准备回到学校。整整一个学期，他只上了十几天的课，基础又差，如果接着上四年级，我不敢想象他面临的将会是怎样的状况。家长也担心孩子差得太多跟不上，所以我们基本达成让孩子到三年级去巩固基础的意见。此时，在一旁的他小声说："老师……我想……上四年级，我会努力的。在家养病的时候我看书了……"他的眼圈红红的，声音有些低沉，那种哀求的眼神刺痛了我。他一直看着我，似乎希望我能给他一个答案。我矛盾极了，耳边还想起他说的话：老师，我会努力的。可是，要留下他，我知道自己将面临什么——补上这一学期的课，都将是我的任务。"老师，我会努力的。"我真的不能拒绝这颗似乎觉醒了的心，我不能无视那哀求的眼神。"明天来上课吧，我们一起努力。"

于是，我们开始了漫长的补课路程。"一起努力！"成了那段时间我最常对他说的话。我讲得很慢、很细，他学得也比以前认真，每当他有一点进步，我都会大加赞扬，我小心地维护着他的自尊心。在补课中我了解到，他由爷爷带到五岁，耳濡目染，他的行为和老人有些像——干什么都慢。一个学期过去了，期末考试，数学78，语文80。这个分数足以证明他的努力。一次作文中，他写到了我的付出，写出了他的感激，我看后很欣慰。进入六年级后，他那个磨蹭的坏毛病基本改掉了，成绩大踏步前进，毕业考试成绩达到了优秀等级。"老师，我会努力的。"他真的做到了。

这件事情让我懂得，作为教书育人的园丁，我们不能轻易放弃任何一个孩子，只要我们方法得当，只要我们有足够的爱，他们也能在我们的帮助下，由丑小鸭变成飞翔蓝天的白天鹅。

爱学生就要尊重学生

一天午饭后，一位同学发现自己装有两千多元零花钱的钱包不见了。这件事情马上震惊了全班。

我找到那位同学了解事情的经过。下午即将放学的时候，我说道："咱们班同学的钱包丢了，里面有他这个学期的零花钱。试想如果你丢了这么多钱，会是什么心情呢？我相信拿钱包的同学不是故意的。再说，谁都会有做错选择的时候，知错就改，依然很棒。希望这位同学能够主动联系老师。我相信钱包一定会回来的。"就这样，放学了。

放学后回到教室，我发现讲桌上有一张纸。我敏感地意识到这和今天的事情有关。我快步走上前去，打开纸，看到上面写着：池老师，我就是那个拿钱包的人，我错了。明天我会把钱包还回来的。我对不起大家，更对不起您对我的信任。

这张纸条没有署名，从这一点，我已经明白了他的意思——不想公开自己的名字。但我依然很欣慰，他得需要多大的勇气来面对自己的错误呀！作为他们的班主任和语文老师，我已经通过笔迹知道了纸条的主人。但我知道，要尊重这位同学的想法，要保护这位同学的自尊心。

第二天晨检的时候，我微笑着走进教室，说道："同学们，钱包回来了。这位同学通过写信的方式和我沟通了这件事情。""谁呀？谁呀？……"听到这个消息，大家七嘴八舌地问起来。"我也不知道这个人是谁，我也不想知道，我只知道这是一个知错就改、有勇气面对自己错误的孩子，我为他的勇气和诚实感到骄傲。"顿时，教室里掌声如雷。

直到现在，学生都不知道他是谁。有一个"机灵鬼"在周记中提到了这件事："我知道，您认得每一个同学的笔迹，只是您不愿意向我们公布他是谁。试想一下，如果这位同学的名字被公布出来，他一定会觉得很没面子，以后该怎么面对大家呢？您这样做，充分保护了这位同学的隐私和自尊心。"

这件事情就这样平息了。但我觉得这是一个非常好的教育契机，想借此机会召开一次关于诚实的班会，但又担心那位同学会太过敏感。于是，我通过写信的方式，把想召开班会的想法和他进行了沟通。他同意了，并希望大家从这件事中懂得道理。我为他有这样的觉悟而感到欣慰。班会结束后，学生在日记中写道：我们都会面对选择，有时做出正确的选择真的很难，特别是当我们面对自己的一些利益，面对一些批评和自己面子的时候，选择诚实、战胜自己是需要勇气的。但当我们想到故事中的人为了做到诚实，连生命和自由这两样最宝贵的东西都可以不要的时候，我们又有什么理由不选择诚实、不去战胜自己呢？

日常的生活中，都是一些小事情，我常抓住这些小事对学生进行教育，帮助学生树立正确的认识。也正是在一次次的小事中，学生感受到了我对他们的爱和尊重。（池志丹）

多彩活动助推班级发展

　　班级活动是学校教育活动的重要组成部分，开展多种形式的班级活动对促进学生发展、加强班集体建设具有重要意义。在活动中，他们通过各种感官去感受事物、接触各种人与事，从中获得知识，开阔视野，增强思考能力。因此，在班主任工作中，我从不同角度开展各种形式的活动，促进学生和班级的发展。

一、开展自管自育活动，让学生"依法治班"，让班级在规范中发展

　　俗话说：不以规矩，不成方圆。一个优秀的班级要用一套完善的制度和适当的方法来管理。每接一个新的班级，我都会和学生共同制定《班级一日行为规范》、《奖惩制度》等"章程"，以此来进行班级管理。在实施的过程中，我们不断反思问题，听取学生意见，对"章程"进行修改和完善，让工作更科学有效。

　　优秀的班干部是联系老师与学生的桥梁，是班主任的得力助手，他们的工作状态和能力，可以决定一个集体的面貌。在工作中，我通过"让小干部对自己的工作进行梳理和总结"的方法来提高他们的工作能力。小干部每周五要开总结会，针对自己负责的项目总结出优点和问题，再结合"一周评价表"评出每周的优秀小组。一个学期之后，这些小干部就完全可以独当一面了。有了这些小干部和班级"章程"，我们的班级就形成了"依法治理"的局面。

二、力抓班级文化活动，让爱浸润其中，让班级在温情中发展

　　爱是一个永恒的主题。在日常生活中，我们抓住每个契机，用不同的方式经常开展有关爱的方面的教育，让学生初步树立正确的人生观、价值观。

　　我们设立了"班级幸福记录本"，记录每个学生在学习、生活中的点滴进步，并把这个本子传递给家长，让家长看到孩子的优秀表现，家长也会在"班级幸福

记录本"上发表自己的看法。这样我们就将家庭教育和学校教育统一起来，在无形中使孩子们做到坚持改变、坚持进步。短短的一段话，对孩子发出的是一种"我能行"的正能量，使天真快乐的他们慢慢建立起"行"的意识。每当我把记录本放到学生手中时，就会看到他们那种惊喜和热切期望溢于言表，毫不掩饰。在这个过程中，学生感受到了来自别人的关爱，也学会了去关爱别人，更学会了感恩……

我们出版了自己的班刊——《那些年，我们一起长大……》，成立了自己的编辑部，确定了七个板块，动态反映孩子们的思想变化和参加活动时的表现。"班级趣事"板块记录孩子们生活中有意思的事情；"传递爱心"板块表彰进步学生，传递正能量；"作家天地"板块展现孩子平时的优秀文章，激发他们的写作兴趣；"海纳百川"板块介绍课外知识，丰富学生视野；"家长天地"板块记录家长教育孩子方面的小故事；"荣誉共享"板块展示本月中学生和班级获得的荣誉，激励孩子再接再厉，也为其他孩子树立榜样。这项活动，为孩子们留住了美好的小学生活，其中融入了我们家长、同学和老师的真诚，也融入了我们对孩子的爱，让学生感受了爱。

三、开展多彩的家校活动，让家长走进校园，让班级在家校共育中发展

我一直坚信，教育孩子需要我们家长、老师、社会的共同努力。在班主任工作中，我也努力将这些因素结合起来，大胆请家长走进校园，共同为孩子的成长而努力。

1. 结合班级发展目标和学生情况开展专题活动。

我们开展了"我很重要"和"领袖风采"这两次体验活动，让学生感受个人和集体的关系，感受集体的力量。活动之后，学生们深深意识到集体需要每个人的努力；集体活动失败了，不要埋怨和责怪，要相互鼓励。活动过去了，但活动对孩子们的影响已经内化为他们的行动。就在多米诺骨牌的比赛中，眼看就要完成了，可这时有人不小心碰倒了一块，骨牌一下子就倒了一片。我还没说话，一旁的金冠豪赶紧说："不要着急，重新来，还来得及。"学生们马上补救。他们从体验

活动中懂得了责怪和埋怨只会让情况更糟，只有齐心协力才能更好地完成任务。

2. 开展多彩活动，拓展孩子们的视野。

为了拓展孩子们的视野，我巧妙挖掘家长的资源，开展了很多活动。李语轩的爸爸带来了"飞翔蓝天"的讲座，让学生了解飞机的发展历程，感受祖国航天事业的蓬勃发展；工业大学的退休老党员为孩子们讲述了自己曾经历的苦难岁月，以及与侵略者斗争的故事，孩子们从中懂得今天的生活来之不易，懂得了珍惜和感恩……刘紫函的妈妈将当前的社会主义核心价值观和孩子们成长中的烦恼结合起来，为孩子们该如何树立正确价值观上了生动的一课；秦子恒的爸爸给孩子们带来了"点石成金"的科技课，让孩子们对科技痴迷；我们还带领孩子们走进北京工业大学，参观老教授在电机方面的收藏，感受八十多岁老教授对科技的执着……这一系列的活动，拓宽了孩子们的视野，同时也为孩子价值观的形成奠定了基础。

3. 结合孩子们的需要开展利于健康生活的活动。

孩子们的视力下降得很快，我们请来了眼科医生，从近视的原理、近视眼的形成、用眼卫生等方面进行讲解，收到了立竿见影的效果；孩子们爱喝饮料，我们请来了营养师，通过体验用各种香精勾兑饮料，孩子们知道了所谓的果汁饮料的秘密，从而远离饮料。

孩子们不止一次地和我沟通：池老师很民主，很多事情都和大家一起讨论、做决定，虽然有时意见不同，但我们举手表决，少数服从多数；池老师没有架子，我们可以和老师聊天，给老师捶背，开玩笑；外出体验活动时，老师和我们一起摸爬滚打；池老师从不担心搞太多的活动会影响我们的学习，而是开展各种活动，让我们的学校生活丰富多彩……

我想，尊重学生、亲近学生、让学生在活动中快乐成长，这也许就是学生喜欢我这个班主任的理由吧！（池志丹）

旁 白

他人眼中的池志丹

池老师建立了一个"幸福记录本"，每隔一段时间就会让我们带回家，上面记录了我们在学校优秀的表现或者令人感动的事件。池老师是一个心怀大爱且细致入微的好老师。

——学生王海瑞

池志丹老师是从四年级开始接任孩子的班主任工作的，第一学期池老师来家访，有机会和老师面对面就孩子的情况进行了比较深入的谈话。池老师很细心，默默地把孩子的情况记在了心里，在日后的学校生活中，针对孩子的性格特点给予了非常切实有效的引导和帮助。

——学生高炀开家长

初识池老师，感觉她是个谦虚的人；随着了解得不断深入，我发现她是一个勤奋的人。接触的多了，我对她的认识也越来越全面：她善于思考，每当我们一起教研的时候，她很少人云亦云，总能有自己的想法；她潜心实践，只要有了比较成熟的思考，她会把想法变成行动，落实到自己的课堂上。

——同事胡俊贤

自 白

池志丹自画像

自我评价：认认真真做事是我一直秉承的理念。工作中喜欢提前制订计划，按照计划有条不紊地开展工作；虚心好学，追求完美，有处女座的特质——轻度强迫症。生活中，喜欢轻松自在的环境，喜欢做自己喜欢的事情。

教育教学理念：教育就是培养好习惯！

影响最大的书：《办法总比问题多》《谁动了我的奶酪》。

心目中的好学生：阳光、开朗、大方，做事认真，做人真诚。

心目中的好老师：能够适应教育改革的各种变化，及时捕捉前沿信息，并为自己所用；课堂上生动、幽默，用巧妙的方式上好每一节课；课余能和学生打成一片，深受学生爱戴。

心目中的好学校：校园环境优美，给人轻松之感；学生学习热情高涨，给人奋进之感；学生文明有礼，给人儒雅之感；同事间团结互助，师生间融洽和谐，一派祥和。

处理师生关系：课上，认真严肃，但又不失轻松融洽；课下，打成一片，但又不失分寸。

取得成绩的经验：以全力以赴的心态面对工作。

工作与生活的关系：现在自己有了孩子，在教育学生的时候，经常会想：这要是我自己的孩子我该怎么教育？如果我是家长，我会希望老师怎么教育孩子？现在我将对自己孩子的教育和对学生的教育融为一体，也更能理解和体谅家长的心情。

补白

"吐槽"志丹

考试结束后，为了放松休息，给学生放了一部电影。中场休息时，一女生来到池老师身边。

学生：池老师，我和湛湛都是咱们班比较爱"吐槽"的。

池老师："吐槽"？什么是"吐槽"？你解释一下。

学生（瞪圆眼睛，张大嘴巴，手拍脑门）：老师，咱们之间的沟不浅啊！

池老师：五年一代沟，我们之间有两条半沟呢，何止不浅，还很深呢！

众人笑……

"谁看见我的语文书了？我的语文书放在哪了？"

"老师，您手里拿的就是语文书啊！"

老师仔细一看，说："哦，可不是。我怎么没感觉呢？"

"今天的作业多不多？"

"数学英语都留了作业，不少。"

"再留一项语文作业，抄写……"

"啊……"下面一片议论。

"说什么呢？是不是觉得多啊……"

"不多，不多。"下面异口同声道。

"不多，那就再加一项，背诵……"

学生顿时沉默，不再做声，不知如何回答。

老师神秘一笑："这两项语文作业下周二检查。"

众生长出一口气。

在学生心目中，亦师亦友，民主平等，是"好教师"的最重要特征。具有爱心和具有知识，对学生来说，他们更爱前者。做学生的良师益友是教师在处理师生关系中的最高境界，也是和谐师生关系的重要体现。教师不仅要有过硬的专业本领，更要能够真正地成为学生的朋友。"亦师亦友型"教师，会与学生进行心与心的对话，能更有效地进行教学活动。

第二辑　亦师亦友型

1.吴爱兄："兄姐"不凶，很阳光

她所教的物理学科一直成绩突出，所带班级均能良性发展，多次被评为"师德标兵"，优秀党员；她曾获北京市物理实验教学大赛一等奖等奖项；她有20多篇论文获得市级以上奖励，多篇在国家核心期刊上发表；作为年轻的班主任，她始终以构建"团结向上，和谐健康"的班集体为目标，力争让每一个孩子积极乐观地生活，勤奋认真地面对学习。她就是北京市陈经纶中学物理教师吴爱兄。

印 象

"兄姐"不凶，很阳光

吴爱兄老师是我高三的班主任，大家都亲切地叫她"兄姐"。但"兄姐"不凶，很阳光。

作为物理老师，她的课堂充满了智慧与激情。她经常和我们说："物理是有趣的，有用的，不难学的。"所以在课堂上她总是能将枯燥的知识讲得通俗易懂，且有声有色。在她那里，光电效应就是不听话的宝宝做游戏，电子跃迁就是我们的蹦楼梯，楞次定律就是叛逆期的小王和小李。就连裂变和衰变都成了他调侃同学的话题。所以每每上物理课，班里学生最活跃。

作为班主任，"兄姐"开明、豁达。她总是用自己独特的方式教育我们，让我们在欢声笑语中成长。在我们累的时候，她会让我们提前下自习；我们作业多的时候，她会少留，甚至不留作业。为了给大家营造一个整洁舒心的环境，每天她会和我们一起做值日。她一直和我们说："我不看重你们的成绩，更看重你们的人品。"所以相对于学习成绩而言，她更关心我们的学习习惯。她不要求我们一定要完成所有作业，但是一定不能抄作业。她要求我们要认真地对待考试，绝不能作弊。

作为朋友，"兄姐"总是能以她的坦诚、真诚对待我们每一个人，没有偏见，她会认真地去了解我们每一个人的心。让我印象最深的是，一模之后，面对高考，我有些不知所措。她耐心地坐着，听我絮絮叨叨地说了两三个小时，然后以她的方式告诉我应该如何面对自己、面对困难。她总是让我感觉她是可以信任的，无论是学习，还是生活。

高中最幸运的事之一便是有她做我高三的班主任。她让我觉得那段很多经历过高三的人都觉得痛苦的日子，其实也不是那么累。（李东旭）

故 事
阳光的班主任很认真

吴爱兄最常说的话是："搞清楚我是教物理的，我是认认真真教物理的。"

的确，教物理的人严谨，睿智，执着，坚毅。所以不论是学生的学习，还是学生的生活都逃不过这个认认真真教物理人的眼睛。

阳光的老师很认真

认认真真教物理的吴爱兄每一节课都精心准备。她常说"一切的学习在课堂，一切的知识在领悟"。所以，她的物理课堂总是生动有趣，不拘于形式。再晦涩难懂的物理定律，她都会用最通俗的语言解释清楚。

学生们最怕上物理课了！因为物理课是最费脑子的，一整节课都必须高度集中，用吴爱兄的话说：物理课必须"五官"都带齐。因为只要你一走神，吴老师保准第一时间关注到你。有学生不禁好奇地问她："老师，我刚要休息一下，您怎么就发现了？"这时，吴老师就会说："搞清楚，我是教物理的，我是认认真真教物理的。"

认认真真教物理的吴老师有超强的记忆力。她教书十年来，对每天的作业都坚持全批全改。而且批完后，不用数就知道差几本，差谁的。这都不是最神的，最神的是每次批完作业，她就知道谁的是写的，谁的是抄的，哪一部分是抄的，甚至知道每个人错在哪儿了。

有一次，一个同学怀疑她只记住一些好学生的，于是就"挑衅"她："老师，我今天错了几道呀？"没想到，她想都没想就说："2道半，第四题应该选AB，你选的是AC。"那个学生当场就吓回去了。

认认真真教物理的吴爱兄还特别关注改错。吴老师教过的学生都知道，每天中午总会有一些学生的名字会出现在黑板上，同学们戏称此为"榜单"。而每一个上榜的同学都必须在放学之前把作业改好，才能走。

有一次，陈某有幸上榜了，放学时他想开溜。结果他刚要冲出教室时，就被吴老师给叫住了，"陈某，你还没改作业呢！""老师，你怎么知道我没改呀？""我不但知道你今天没改，我还知道虽然我上周没单独找你，但你有两道选择题错了，到现在一直没改。别忘了我是教物理的，我是认认真真教物理的！"

从此，再也没有学生敢偷偷溜掉了，因为他们"怕"这个认认真真教物理的人。结果你懂得，吴爱兄所教的班级物理成绩一直在年级名列前茅。

阳光的班主任很民主

"创建一个民主和谐、团结健康的班集体"是吴老师的带班理念。所以班级管理中的许多事情，她都是让学生自己去解决。来陈经纶学校当班主任的第一年，吴爱兄就收到了这样一封匿名信："……老师，从您平时的话我就听出来了，您还是个新手班主任……您应该为了成绩，为了班级的分数（也就是业绩）着想，至于我们是不是累了，我们是不是想要减作业，不是您应该考虑的问题……"

这是为什么呢？

原来，吴爱兄新接班没多久，班上就出现了不交语文作业的现象，于是她就让学委组织召开班会，让学生自己讨论一下解决策略。班会课后就有学生给吴老师写了那封匿名信。那个学生认为吴老师这个班主任太民主了，他认为对于学习的事情班主任就应该专制，因为严师才能出高徒。其实，他不知道吴老师在召开班会之前已经召开了班委会，初步想好了解决策略。召开班会只是解决问题的第一步，其主要目的是听一听同学们的真实想法。

班会课后的第二天早上，吴老师又进行了"关于语文作业的问题的民主调查"，当天物理课她又召开了"一节班会课引发的思考"主题班会。班会课上，吴老师借助那封匿名信和民主调查的数据，向同学们展示了大家的真实看法，让同学们意识到：同学们面临的不仅仅是语文作业的问题，而是学习主动性、自主性的问题。一些同学缺少的是学习毅力，而这种毅力不是靠老师高压就可以很好解决的。"同学们要从根上治病，首先要有自我意识，其次才是我们当班主任的约束与监督。"吴爱兄告诫同学们。

那次班会课后，学生们真正懂得了吴老师的民主不是放任不管，而是对学生的尊重和理解。

班级中主要是学生自主管理，班主任起的只是监督和约束的作用。你经常能看到有学生跑到办公室找吴老师说："老师，不行了，我要开一个自己的班会。""老师，咱们最近有些浮躁了，这个问题必须解决了。""老师，是不是该换一期板报了。""老师，开一个学法指导的主题班会吧？"

想办法的人多了，班里的问题自然就少了。

阳光的班主任很懂得爱

吴老师的爱很特别，没有等级之分。

担任班主任这几年里，她一直带普通班，有三分之一的学生是后进生。但是她从来没有放弃过他们。

2015届学生张某某总是管不住自己，有学习热情没学习的毅力。从开学起，吴爱兄就要求他必须每天到办公室做完物理作业再走。坚持一年下来，这个学生不但物理成绩提高了，也改掉了一些不好的学习习惯。

学生李某某，学习很努力，但是学习方法不灵活，成绩提升很慢，而且很自卑，总觉得老师同学都不在乎她，总是认为自己付出得多，得到的少。吴爱兄就精心为她设计了一次班会，让她发现，其实同学们都能感受到她的真诚，都认为她是最可信的朋友。

正是因为吴老师的真诚，许多孩子考试完了会主动找她分析试卷，心情烦了会到她的办公室找她聊聊天，学习累了会到她那吐吐槽……正如学生所说的"她用细致入微的观察深入了解每一个同学，让我们在'被看透了'的'惊恐'中感到被关注，被温暖。"

阳光的班主任总是有满满的正能量

"东边的太阳微微笑，树上的小鸟吱吱叫，可爱的宝宝上学校。快乐的一天开始了……"这是2015届高三（6）班的班歌。为什么这首歌会成为高三（6）班的班歌呢？

2015 年，吴老师新接任高三（6）班班主任，第一次期中考试高三（6）班考得特别差，好像已经是年级倒数第一了。同学们都很沮丧，本以为吴老师也会大发雷霆。

出乎大家意料的是，物理课上吴老师并没有上来就说考试的事，而是说"今天上课之前先给大家放一首歌吧？""东边的太阳微微笑……可爱的宝宝上学校。快乐的一天开始了……"歌曲本身比较欢快，学生一听就有些反应了……，开始问："老师，您放的是什么歌呀？"

"这是我闺女幼儿园的早操歌。"

"好听吧，我每次听都特有感触，你们说孩子们最开始是多么喜欢学校，多么喜欢学习，怎么到今天上学成了你们最痛苦的事情了呢？"

"因为有考试！"

"可是考试周五就结束了！今天是周一！"

"考的太差了！"

"太差了，日子就不过了。太阳每天照样升起，你是否每天都在努力……快乐的一天开始了……"

"老师再放一遍吧！！"

"班主任，尤其是高三的班主任，应该始终保持高昂的热情、乐观的态度，我们教会学生的不仅仅是学习，还有如何坦然面对挫折和失败的心态。"吴爱兄不仅这样想，更是这样做的。所以每次考试后，她都会找学生谈心，积极地帮助他们解开心结，提出改进学习方法的建议。每天，她总是早早来到学校，每天晚上，她都会出现在班里，陪着同学们一起坚守高三最后的岁月。

"吴老师是一个阳光、有青春、有激情的老师，像一台高效的发动机，源源不断地为这个班级输送着积极的正能量……这不仅令我们奋力进取，而且深深地感动着我们。"2015 届新毕业的学生为吴爱兄写下的留言，不经意地道出了吴爱兄从教以来一直追求的目标：做一名认真的阳光教师。（红袖子整理）

观 点

教育即成长

"教育即生长"言简意赅地道出了教育的本义，就是要使每个人的天性和与生俱来的能力得到健康生长，而不是把外面的东西，例如知识，灌输进一个容器。懂得了"教育即生长"的道理，我们也就清楚了教育应该做什么事。比如说，智育是要发展学生的好奇心和理性思考的能力，而不是灌输知识；德育是要鼓励学生有崇高的精神追求，而不是灌输规范；美育是要培育丰富的灵魂，而不是灌输技艺。

一、课堂教学的生长点是发展人的思维

我教过的学生常叫我"十万个为什么"，因为我每天在物理课上都要问他们许许多多个的"为什么？"。

比如在学习电流形成条件时，我不但要问学生"什么是电流？""它的形成条件是什么？"，还要进一步追问"为什么有电压才能有电流？""电压起到了什么作用？"这样学生在我的不断追问下就不得不认认真真地思考问题，所以他们常说"物理课是最费脑子的"。因为我不但会问他们问题，也会就一个知识让他们提出问题，并在他们的问题上发展新问题。

我认为就智力的发展而言，课堂教学需要为孩子们做的就是培养他们的思考能力、思维习惯。思维是从问题开始的，所以好的课堂教学应该从问题开始，并能以新的问题结束。所以作为教师，我们就要认真备课，精心设计教学环节。给学生提出好的问题，引导学生提出好的问题，鼓励他们探讨问题。师生之间、同学之间要想能够很好得探讨问题，就需要相互倾听、相互尊重。因而培养思考能力的同时也是培养优秀品质的过程。

二、学科学习的生长点是培养学生良好的学习品质

作为一个理科老师，我要求学生有错必改。我认为，作为教师，我们不但要传授学生学科知识，还要培养学生好的学习习惯和学习品质。学生在学习上是缺少方法的，而我们老师告诉他们：方法有的时候不是孩子不愿意接受，而是他们已形成的不良学习习惯和学习方法根深蒂固，很难改正。这就要求教师不断坚持，不断渗透，一点点引导。

比如培养学生的改错习惯，我要求学生每错必改，而且我会每改必查，每查必奖；培养学生的积累习惯，我要求学生们用口袋本，并定期评比；培养学生制定目标和落实计划的习惯，我就让学生分阶段制定目标和计划。每一阶段我都评比出最佳规划者和最好的规划落实者。再比如，培养学生的分析问题、解决问题的能力培养，我就每一次考试都让学生做系统的分析。每一次从不同的侧面解决一个问题，一个学期下来学生也就解决了自己的一些学习顽疾。

每个人都有潜在的能量，只是很容易被习惯掩盖，被时间迷离，被惰性消磨。所以老师的责任就是不断地帮助学生一点点激发他们的潜能。

三、班级教育的生长点是培养学生的自管自育能力

作为一个班主任，我认为班级成绩并不是我班级管理的全部，班主任应该为培养学生能力、提高学生的素养积极想办法、想策略。

为了培养学生的合作能力，2014 年我对高三（6）班的"16 部委制"进行了改革。我将 16 部委分成 8 组，每两人一组，每组负责一项班级的日常工作。每 2 个人再带 2 个人组成一个小组。这样就形成了"高三（6）班班委负责制"与"高三（6）班小组合作制"。在工作的开展中，学生在相互合作中学会了共同承担，学会了交流与分享。

为了培养学生的自我规划能力，2015 年我在高三（6）班建立了"自我梳理表"。进入高三的学生主要任务是学习，班主任的主要工作是充分调动学生自我学习的主动性，让学生成为自己学习的主人。我在我们班实行了"沉心静气 圆梦高三"的"高三（6）班—自我梳理表"。

学生在自我梳理的过程中养成了好的学习习惯。通过对学生的理想规划、学习调整的了解，我对学生有了进一步的认识。每一次家长会我都不发成绩单，只发梳理表，这样就和家长建立了交流的平台，让家长参与到班级管理当中来，实现了多元管理，共同发展。所以培养学生的自管自育能力，我认为班主任应站在学生的身后，"袖手不旁观"。

作为一名阳光教师，我希望以自己的心灵美化学生的心灵，用自己的生命状态影响学生的生命状态，创新多种教育形式，帮助学生全面发展。（吴爱兄）

旁白

他人眼中的吴爱兄

爱兄人很好，很可爱，很善良。在学习上她严格要求我们，但是在平时的生活中也是与我们打成一片，课堂上的互"嚓"也是我们每天的必备节目。所以我们的物理成绩一直很好，学得也十分轻松。

——学生高羽

据孩子反映，吴老师家住得很远但从来没有迟到过。有一次吴老师脸色很不好，一下课就趴到讲台上，孩子们才知道老师生病了，发高烧。但是她的难受在课堂上从未表现过，我想正是老师的这种品质影响了孩子，让孩子不再惧怕困难，并在学习的道路上坚持。

——学生刘红红家长

善良、聪明。爱孩子、爱老公、爱学生。热爱生活中的一切真善美！发自内心的谦虚和真诚，用"上善若水"形容吴老师是最恰当的了！

——同事张成

自白

吴爱兄自画像

自我评价： 工作上，执着地坚持，不停地超越自己。淡然地面对成绩，坚强地面对困难。生活上，我总是希望通过自己的努力使自己所爱的人幸福快乐。

启发最大的教育名言： 一个学生不仅是一个鲜活的生命，而且是一个丰富多彩的世界。（苏霍姆林斯基）

教育教学观： 智育是要发展好奇心的理性思考的能力，而不是灌输知识；美育是要培育丰富的灵魂，而不是灌输技艺；德育是要鼓励崇高的精神追求，而不是灌输规范。

心目中的好老师： 我认为好的教师应该真正用爱、用心去做教育。

心目中的好学生： 有好的学习习惯，好的学习品质。阳光向上，满满的正能量。

心目中的好学校： 好学校是充满活力与智慧的教与学的统一体，它致力于帮助学生学会很好地运用自己的智慧。在这里，年轻一代能够充分发展他们的批判性思维并养成勤于思考的习惯。

处理师生关系： 我和学生的关系会随着不断的接触发生着变化。往往第一阶处的是师生情，第二阶段处的是亲情，第三阶段处的是真感情。所以随着我们关系的变化，沟通的方法也会有变化。没有固定的方式，但有着统一的目标：给学生提供最有效的帮助。

取得成绩的主要经验： 不断地学习，不断地反思，不断创新。成长＝经验＋反思。

工作与生活的关系： 每个人的家对他自己都像是城堡和要塞。教师只有建立幸福和睦的家庭，才能以更充沛的精力投入到工作中。

补 白

爱兄语录

吴老师很自信，常挂在嘴边的是学物理可以使人变得智慧。一个物理老师一定是最聪明的老师，一个女物理老师就更聪明了。

吴老师很敬业，在她那里，物理和人生是分不开的：

同学们，运动是绝对的，静止是相对的。所以换个角度思考问题，你会有不一样的收获。

同学们，质量是惯性的唯一量度，所以要想提高自己的竞争力，只有不断地提高自己的"质量"。

同学们，力的作用是相互的：我为人人，人人为我。

批评同学时她会说：

上帝是公平的，一旦赐予你美貌就不会赐予你智慧，孩子你很帅。

某某，上课的时候不准位移；

某某，做人摩擦因数不能太大；

初速度相同，受力不同，运动状态不同。目标一样，态度不同，结果不同，孩子们，初速度和力一样重要，目标和态度一样重要。

2.董颖：“化学战神”的带班日志

　　近10年，她担任高三毕业班教学工作长达七年，多节教学设计荣获国家级一等奖，多篇论文获市区级奖项；担任班主任工作八年，以独特的人格魅力感染了大批学生，曾被评为朝阳区“优秀班主任”，校级德育首席教师；所带班级学风浓厚，乐于公益，多次被评为校区级“优秀班集体”。她就是北京市陈经纶中学化学教师董颖。

印 象

"化学战神"董颖

　　她太美！很多女生一下课就聚集在窗前，等待她飘过校园的亮丽风景。有的同学说她有温婉含蓄古典美，有的同学说她有国际时尚大牌范儿，可我觉得这些外在的表象皆不足以形容我们心中的女神。

　　上过她的课我才知道，极高的精神颜值方是"战神"之根基！她出口成章，大家词句信手拈来，语言表达胜似语文老师。一次实验课，她化用张爱玲的句子"于千万人之中遇见你所要遇见的人，于千万年之中，时间的无涯荒野里"，捡拾曾经的记忆，放了刘若英的歌《原来你也在这里》，告诉我们高考化学题的源头正在我们没留意到的教材中，让我们目瞪口呆了好久。但是后来我们有了免疫力，因为化学课总是如此艺术！

　　她教高三多年，自信从容：上课思维清晰，逻辑严谨，目光敏锐，一眼就能看出我们的漏洞所在。但她从不立即纠正我们的错误，而是不断引导我们深入探究自己的思维，让我们在不知不觉中修正自己的错误，在错误中我们也能找到成就感。

　　她还引领我们走入生活中的化学课堂！她专门为我们开辟了包罗万象的化学园地：毒气之王，化学密信，提炼物质……从家庭实验到影视作品，从社会热点到学法、解题讨论，为我们推开了梦幻般的化学之门，织就异彩纷呈的化学世界！

　　在她的引领下我们都爱化学！这就是我们的"化学战神"董颖老师。（严　峻）

故 事

女神日志

有两样东西，我们愈经常、持久地加以思索，他们就愈使心灵充满始终新鲜不断增长的景仰和敬畏：在我之上的星空和居我心中的道德法则。

——康德《实践理性批判》

星 空

窦云广入学较晚，又赶上化学月考，当时他的成绩比班级平均分低10分，"对不起，老师。"见他满是愧疚的目光，我心里有种切实的感动。但不足一月后的期中考试，他竟考到班里第一名，自此成为我最出色的学生。

窦云广从来话少，纷乱课间亦静默如斯。他上交的周记却有千言，字迹规整。为了帮我学习英语，他后来的周记都是英语。每逢我批复有误，他就用铅笔在错误处标注出正确的用法，英文运用得仿如母语，是我最悉心的老师。

学生？老师？朋友？我从说不清这交织的感情。那个滴水成冰的冬日，我任务繁重：化学课、班会课、校本课加上优生提高课。让我更为焦虑的是第二天一早我还有课，但三个班的考卷未改。最后一节提高课，我对教室里的孩子说："真想让你们帮我改试卷，可又怕浪费了你们的时间，毕竟还有太多问题需要处理。"课后仍有大群孩子问我问题，直到天色全黑，寒气逼人。回到办公楼前，窦云广仍在那里徘徊，"这么晚了，怎么还不回家？""老师您不是想让我们帮忙批卷子吗？"办公室里他笔走如飞，神情专注。我的眼前却一片迷蒙……

待一切完工已是静谧深夜。群星闪耀，璀璨晶莹。窦云广说："我喜欢星空。老师，您看到星空会想到什么？""遥远。"我不假思索。他笑笑不置可否，但我渐渐知道，在他心里，星与星之间并不遥远，它们默默彼此照耀，不能分割，发出梦幻的光芒。那个学期，为了让班级学风更加浓厚，我确立了互帮互助小组。

窦云广要帮助班里学习能力最弱的学生。每天，我看到窦云广为她讲解习题、查默单词，一学期临尽，我才知道：每逢周末，窦云广还会抽出一整天时间到小庄自习室给她辅导功课。我问他："是不是很辛苦？"他笑笑，"老师，还算轻松。"我清楚临近高三，所有的学生无一不在暗暗较劲儿，那个年级第一的位次，那个出类拔萃的梦想，给了孩子多少压力与苦累。我曾担心窦云广会被牵制，成绩下滑，但期末他还是年级当之无愧的第一名！

"天空何其广袤，成就了那许多灿若梦幻的星系；窦云广的心胸又何其广博，让我认为他是一个不需言语，便能展露一切的仁者。"这是我为窦云广写下的句子，也是写在我心里永远的感动。

水晶心事

于冕是个爱好广泛、心思敏感的孩子。他一进班，我们就成了很好的笔友。他喜欢问我各种莫名其妙的问题，还会认真标记我的回复"要让您感觉一字千金的意义"。我上了他的当，每次批复，都会不由自主地对他多讲些话。

于冕成绩中等，为此，他父母反对他做学习以外的任何事情：跆拳道、打篮球，甚至参加班级的合唱节比赛。为了逃避责难，他总是想尽一切办法拖延回家时间。一天很晚了，于冕却突然冒出来："老师，我帮宣委画展板，您给我妈写条儿说我在这儿吗？"他的画有些抽象，一如他的性格，让人琢磨不清。"老师，《天龙八部》开头就提到无量有四，您记得吗？""'慈、悲、喜、舍'，于冕你何时能舍弃自己飘浮无根的心性？"他低下头，眼睛里有种痛苦，"老师，您在我这个年纪是怎么过来的，忍受？！"我一时语塞，叹了口气："你不该作茧自缚，无论怎样，都不能选择在放纵中沉沦。"他听后不抬头也不讲话，只随手一笔在展板的一角画了个大大的闪电，我感到了反抗的力量。

几天后的一个深夜，于冕母亲打来电话说他未回。我拨通了班里所有同学的电话，终于一个孩子告诉我："于冕不想回家，他没说今晚去哪儿，但他说明天会去上学，因为您说过，'无论如何，人不能选择在放纵中沉沦'。"第二天很早，我到校门口等他，于冕来时一身的灰土。"昨晚去哪儿了？""一栋废楼里。""能跟老师说说你彻夜不回的意义吗？""我知道伤了父母的心，但这是我成熟的表现，我要去实现自己的决定！""成熟？于冕，如果你远行千里，不在父母身边，让他们时刻感觉安心代表你的成熟，还是让他们寝食难安、为你牵肠挂肚意味着你的成熟？""我昨晚到处找你，电话打到将近一点，早上不到四点就难以入睡。还有那些和你要好的同学，他们不担心吗？"他低下头，"老师，我明白成熟应该是为爱我们的人承担更多的责任，制造最少的负担。""一直想见一个内敛的于冕，用坚强的心态去解决问题，不在冲动中寻求一时的任意妄为，可以吗？"断断续续我们聊了许多，他眼睛里的羞愧也渐渐转为坚强。正是春寒时节，他脱下校服给我披上，"老师，放心，以后的我都会让您安心，做您的骄傲！"

最后一次处理他的问题是打球的冲突。于冕发现A总是违规，于是他便拦着不让A摸到球，A急了，就打他。我问于冕，"道不同不相为谋，你为什么非要扮演所谓的英雄角色呢？""可是，老师，我们去找主任说明这事儿，主任也讲我没错。""真的没有你半分的责任？董老师希求的那个内敛的于冕，是不是没有能力去判断该与何种人为伍？做何种有益的回避？""老师，我错了。"他低下头默默走出办公室。后来见到于冕的母亲，无意间谈起此事，她的眼里有泪光，说从球场到办公室的一路上，A都在打于冕，还踢他，问他服不服，于冕只讲不服，却绝不还手。我愧疚，亦感动，看到一颗明澈璀璨的水晶心灵折射出五彩光芒。

君子如水，情谊如风

一生很短，一日很长。课间我在教室外徘徊，怕进班级看到学生流泪，王硕在门口哽咽问我，"老师，我们爱这个集体，我们不舍，您不伤心吗？"我将心放浪天涯，"卡耐基讲：人不可苦思难以改变的事。""讲讲咱们同学的改变吧，小舟静心学习英语了；严骏开朗了许多；焦伟明座位下再无脏乱痕迹；姚誉鹏的脾气不再像刮龙卷风了；还有马辉、刘伊娜、李少卿，成绩都有了很大飞跃……"一个又一个人，一件又一件事，怎能道清诉尽？！

"所以我们更加舍不得您！难道在您心里，只是君子之交淡如水？"我心悲凉，回她："若天造君子，千磨万折，修得心性似水，怕一切的情谊更如清风，是鸟的翅膀划过天空；是片黄叶飘过绿地，美丽的短暂，更无痕迹……"

"上善若水，水利万物而不争，处众人之所恶。夫为不争，故几于道。"那是怎样无坚不摧的柔?！千回万转，千态万状，无般不有，无般不起，不知如何忽来，不知如何忽去。我莫名，水于无痕间游走，可有伤心时？可有依恋处？可有岁月中的消损？可有欲静难平的无奈？因为未知的是恐惧吗？所以满是心伤、留恋？我知道风卷走雪，水包裹风，一切的纠缠，终将归于平静……

　　最爱晏几道一个句子："泪弹不尽临窗滴，就砚旋研墨。渐写到别来，此情深处，红笺为无色。"曾经一番憔悴，自信更得一份坚强。山高水阔，君将远行处，祝福千万，只寄语无色红笺，珍重！！！

　　爱我的学生，因为他们懂得我的用心，自此班级日志上再无一句抱怨的话语，每进班中都是他们默默的相视，我也终能令自己平静。（董　颖）

钥匙在谁手中

——谈自我教育、自我管理的班级运作模式

曾经事无巨细地亲力亲为，忙到昏天黑地，却发现学生或手足无措，或莫名其妙，或隔岸观火，总之，我成了背负沉重的蜗牛，日复一日地努力爬行却没看到进展与希望。由此我想应该将班级管理的钥匙交在每一个孩子的手上，让他们成为班集体真正的主人，这样既促进了学生的自我发展、自我超越，又使班主任得到解放。对于班级的自我教育、自我管理运作模式，我划分了如下几个阶段，当然每一个阶段绝非独立存在，它们彼此相辅相成，互相促进。

第一阶段：给学生更多的自我展示机会，让他们进入角色

每个学生都有自己鲜明的个性，有的沉稳干练，有的开朗大方，有的认真严谨，有的粗心大意，所以班主任要根据他们的不同特点给每个学生分配一些独特的任务，创造学生展示自我的机会。在这一点上，我由衷地佩服《窗边的小豆豆》中的小林宗作校长，他设计的运动会可以让侏儒症的高桥君取得第一名。因而班主任要尽大可能帮助学生展示出其积极向上、有优越性的一面。班里的竞岗演讲是机会；展板创作，书画比赛是机会；承办班会课，设计集体活动也是机会。班主任给学生创设的机会越多，效果越理想。魏书生老师也曾指出"应该想方设法使学生忙起来，更重要的是让学生体验到忙的乐趣，诱使学生感到忙是一种幸福，一种需要，一种心理上和生理上都离不开的需要。"学生付出越多，对班级的热爱就越多。

第二阶段：引导学生自我反思，与自己的心灵对话

如果说自我展示带给学生的是一种热烈的情愫，让他们的青春激情找到释放

的宣泄点，那么自我反思应该是激流过后的平静，因为反思使人变得更加开阔，更加深邃，更加处变不惊。周记正是学生进行自我反思的有效途径，它能引导学生与自己的转变对话，与自己的发展对话，与自己的思考对话。为此，高中三年我设计了将近150个周记主题，如"身边的朋友比我强""我为班级定班规""寒假学习计划""没有借口""××影评""我想对父母说"等等，当然更要放手让学生自拟主题。

我挑选出一些具有代表性的周记，利用晨午检时间读给同学听。由于学生被尊重、被肯定、被重视的心理需求得到了满足，我就能充分调动他们积极参与班级管理、做班级主人的积极性。这样也使大家更关心身边、社会发生的事情，这样班级管理逐渐进入一种良性循环。

第三阶段：借古鉴今，融汇交流，赏识激励，拓宽视野

无论自我展示还是自我反思，学生的视野还是难免囿于狭隘，我想真正的学习应该是在交流中碰撞，在选择里踟蹰。一本好书就是一盏思想的明灯，他们会潜移默化地照亮学生们的心灵世界。而人生格言是机智之精华，众人的睿智、经验。每天的晨检交由学生讲解格言警句或读美文，辅以阐述他们的想法与理解。如此一来每个学生都有了翻阅大量文献的机会，这促使他们在选择中不断开拓视野，在交流中不断升华思想，学会与伟人对话、与历史对话、与科技对话，形成自主探索意识。

当学生把审视自己与他人的精神世界当成一种习惯，觉察到心灵中有一种美感、幸福感、自豪感，这样的他将会是大气的、成熟的，将会有能力面对更多的挫折与挑战！

滴水藏海，海纳百川，我想真正的管理是适当放手，让学生不断战胜自我，开拓自我；让学生学会协调自己与他人、与集体的关系；将班级管理的钥匙交到孩子们的手中！（董　颖）

旁白

他人眼中的董颖

"我是小笨孩儿我是小苯环硫氰化钾不变红我写生成三价铁；我是小笨孩儿我是小苯环有机这么简单不会做官能团都写错；我是小笨孩儿我是小苯环酸性原电池我写生成氢氧根我是小笨孩儿我是小苯环"——能想到吗？这个检讨是我们班的学霸写的，在董姐姐眼里我们都是小苯环儿。但是我们大家心悦诚服，因为她确实又聪明又厉害！

如果说化学老师擅长解决化学问题理所应当，那么你不知道的是董姐姐还擅长背古诗，课堂上不时地引经据典常常让我们目瞪口呆；她还擅长解数独，居然还开设了《数独》校本课，而且她的解题速度，我们望尘莫及啊！

——学生李雨晴

蕴千重慧思，育万朵花开。

——学生蓝悦家长

美女加才女，悦耳、悦目、悦心。

——特级教师兰俊耀

能用一个选择题引发学生讨论半节课，问题设置环环相扣，引导学生思维不断发散，不断深入，层层展开，从小问题中可以看出董老师的大智慧。

——特级教师郑克强

自白

董颖自画像

自我评价： 真诚、优雅、大气、乐学。

教育教学观： 1.没有疑问就没有学问。2.教育的伟大目标不只是装饰而是训练心灵。3.教育的艺术是使学生喜欢你所教的东西。

启发最大的两句教育名言： 克己复礼为仁。一日克己复礼，天下归仁焉。（孔子）我把教育定义如下：人的智慧决不会偏离目标。所谓教育，是忘却了在学校学习的全部内容后剩下的东西。（爱因斯坦）

影响最大的教育家： 孔子。

影响最大的书： 清·张潮的《幽梦影》。

心目中的好学生： 积极探求的孩子我都喜欢。

心目中的好老师： 适合的就是最好的。学生有千万种性格，好老师就要使自己具备千万种性格去包容、引领他们，发现、探索一切美好的事物。

心目中的好学校： 有悠久的历史，沉厚的文化底蕴；有雅致的校园，浓厚的学习氛围；有悦耳的校歌，悦目的校服，每一天都能听到幸福的笑声，每一天都能遇到充实的自己。

取得成绩的经验： 孩子们能够学会思考、探索、质疑，学会热爱生活中的美好，还有什么比这样的成果更令人骄傲呢？

工作与生活的关系： 生活中的每一点感悟都能对教学起到推动作用，工作中的每一点幸福都能令生活更加美好。工作之外，可以说一切与美好相关的事物都是我的爱好，读书、音乐、舞蹈、绘画、服饰、插花，等等。

补 白

女神发话

董姐姐说：书须读百遍，亲爱的高考题原来你也在这里（讲实验时，让我们死心塌地念书）。

董姐姐说：尽信书不如无书（讲原理的时候，让我们抛开课本融会贯通）。

董姐姐说：退一步海阔天空？狭路相逢勇者胜？你有哪一种智慧就做哪一种选择。（姐姐您在告诉我们怎么样都行？）

董姐姐说：人不可有傲气，但必须有傲骨。所以你可以仇日，痛恨法西斯，粉碎纳粹，把自己塑造成蝙蝠侠……

董姐姐说：人性的高贵不分国界，你要敬佩希特勒的坚毅，尊重日本武士道的物哀，鄙视南京大屠杀时不知抵抗的懦弱……

董姐姐说：你可以抵制日货，抵制欧美文化入侵，远离韩剧，但你要为了那些所有的抵制学好英语、日语，甚至韩语。

（姐姐原来在您柔弱的外表下有如此强悍的心！）

董姐姐说：自信是成功的第一秘诀。比如我的英语是化学老师教的，也就是说我自学的，骄傲者拥有一切！

董姐姐说：做人要谦虚。比如我为了推算数独，甚至学习了《周易》《量子力学》，虽然对计算帮助不大，可受益匪浅，虚心使人进步！

如此，我们都知道了董姐姐的生日（典型的风向双子座，天生矛盾体）。

3.冯丽敏："啦啦啦"老师永远在战斗

她既是体育与健康学科教师，又是健美操队教练；她曾获得北京市朝阳区教育系统"优秀青年教师"，北京市阳区教育系统骨干教师等荣誉；工作十二年来，她始终怀着一颗激情似火的心，秉承着"老实、宜强、勤奋、创新"的经纶精神，任劳任怨。她就是北京市陈经纶中学体育与健康学科教师、健美操队教练冯丽敏。

印象

"啦啦啦"冯丽敏

每天，她带给我们的是青春和朝气，带给学生的是阳光和活力，她就是我们体育组的啦啦操老师冯丽敏。

冯丽敏是体育组里最年轻的女老师，所以大家都叫她小冯。小冯有着啦啦操老师标准的身材、体育老师的干练、电影明星的容貌，可以说，小冯就是体育组的形象代言。不要以为长得好看就可以代言，关键是小冯老师的教学基本功过硬，对待体育工作执着热爱，教学成绩突出，体育也是靠成绩说话的。

她爱学生，爱得真诚，努力教导学生懂得感恩、懂得付出、懂得承担。她天生具备吸引孩子的魅力，她的浪漫气质，她的和颜悦色，她那豁达热情的性格，时刻感染着学生，她总是笑容可掬，彰显着不一般的生活品位和乐观的态度。

她是一个做任何事都有激情的老师，每天都能看到冯老师对着电脑在学新的舞蹈动作，还时常有一些学生跟着一起学习。

从健美操到拉丁舞，从爵士到印度舞，从街舞到啦啦操，小冯老师一直走在时代的前沿。为了满足学生的兴趣和需求，她一直在学习和创新教学内容，已经连续几年在朝阳区体育教师教学基本功大赛中获一等奖。但她不满足现状，认真备好、上好每一节课是她的目标，学生在她的课堂感受的是力与美、激情与活力，冯老师用自己的行动感染和激发着她们。一个又一个北京市比赛一等奖被冯老师和她的啦啦操弟子收获囊中。

作为一名体育老师，她向学生传递热情；作为一名教练，她带动起整个团队的激情。无论是平时教学，还是课下交流，她那种对生活的热情均溢于言表。

我想，她的热情源自她对学生的热爱，还有对生活的乐观态度。（何　伟）

故事 | 永远的战斗者

做事要求完美的冯丽敏，"要么不做，要做就要做到最好"，荣誉对她来说是第一位的！她说："我的星座是白羊座，我就像是一名勇士，永远的战斗者。"2003年7月，她从北京体育大学运动系毕业后，就来到北京市陈经纶中学，担任初、高中体育与健康学科教师、健美操队教练。

"台上一分钟，台下十年功！"

"台上一分钟，台下十年功！"作为一名啦啦操教练，冯丽敏总是告诫学生：靓丽的表演背后一定是艰苦的付出！

一年一度的"正德杯"啦啦操大赛是经纶学子们关注的焦点。每天中午和放学后都有学生练习的身影，教师的指导必不可少，比赛的成功与收获更是离不开冯丽敏的辛勤与付出。

有的班级开始练习时学生害羞，参与的人很少，积极性也不高，冯丽敏就与班主任沟通，共同引导学生展示美与活力，带动学生一起练习，并经常在班级篮球比赛休息间隙，让学生们进行表演，鼓励班级同学一起加油，通过短小节目的成功展示，让学生们获得自信。

学生们的表演，就这样从羞涩、单调，到从容、丰富，到最后比赛时的激情四射。

冯丽敏不仅是陈经纶中学高中年级健美操专项班的老师，还担任校初高中啦啦操队的业余训练工作。每逢开学第一节课，冯丽敏都会给她的健美操班和啦啦操班的学生立下规矩：要有耐心、恒心和信心，要力争做到优秀。

每年，陈经纶中学都会举行"正德杯"啦啦操大赛，冯丽敏总是通过大赛充分锻炼学生。2014年她教的高二（2）班，在参加"正德杯"比赛时，班里负责带操的学生李畅比赛前做了自己的规划:"现在流行的是爵士舞蹈,并且我们喜欢它,咱班的学生有舞蹈基础,学习起来应该不是很难。我们下一步就是做好分工,我们四个学习爵士,你们四个男神学习街舞,你们几个学习啦啦操动作,你做音乐剪辑,好,一切就绪,我们要有信心取得一等奖,一起来吧!加油。"冯丽敏对李畅的想法给予了最大的自主权,放手让他们去做,并在技术上充分帮助他们。

就这样,李畅和她的团队在冯丽敏的指导下,完成了整体的创编,在大赛中展示出最佳的表演:跳出了青春,跳出了激情,跳出了自信!跳出了别人跳不出的性感与技巧难度动作!最后,他们获得了第一名!

当学生们手拉手一起走上领奖台时,他们终于明白了冯老师的教诲:成功的背后是一步一步克服困难的成长!

"特别的爱给特别的你!"

"我喜欢优生,但不排斥学困生,对于暂时的学困生更是倾注了满腔爱心。""'金凤凰'要爱,'丑小鸭'更需要爱。"冯丽敏不仅这样说,更是这样做的。对学生,她总是像对待一朵玫瑰花上颤动欲滴的露珠一样格外小心,多谈心、多家访、多帮助、多鼓励。她总是努力寻找和捕捉学困生身上的闪光点,促其发光。

初一年级的小黄同学,有一个孪生妹妹,长得漂亮,学习又好。老师、家长都夸她妹妹,经常批评她,久而久之,她觉得自己什么都不如妹妹好,别人都看不起她。她最不喜欢的是别人当着她的面说她不如妹妹,她也不愿和妹妹在一起。后来,她的脾气变得急躁,情绪不稳,经常用发脾气来"证明"自己比别人强。她的自卑心理与她渴求尊重的心理形成了强烈的矛盾,她一次次地采用极端方式想让别人认可自己,但得到的是一次次的指责。她的内心很痛苦,但又不愿和别人进行交流,她在彷徨着、挣扎着。

冯丽敏就充分利用体育课的教育机会,有意安排她与和她发生过矛盾的同学一起练习。接触多了,原来那些与她发生矛盾的同学也不再那么"计较"她了。在分组练习800米时,冯丽敏有意把她分到能力较强的组。她困惑地问冯丽敏:"老师,你是不是排错了?"冯丽敏装作随意地说:"没有呀!你本来就是这组的。"那一次,她很努力地跑,取得了第二名的好成绩,同学们很佩服她。不知不觉中,冯丽敏让小黄同学建立了自信，慢慢地也能与同学和睦相处了。

上课提问多鼓励，课后辅导要耐心，犯了错误不急躁，错误严重不发火，屡次不改不灰心，问题不解决不撒手。这些方法，都是冯丽敏对特殊学生的特别关爱方法。"只有给学生的爱是发自内心的，才会让学生感受到爱，体会到被爱之乐，他们才会学着去爱别人。"冯丽敏如是说。

"礼堂是我家，姐妹是一家。"

现在的健美操队主要分两支队伍（初中队和高中队）：啦啦操队22名成员，健美操队12名成员，基础队10余名成员。这些队员大都是由13、14、15级三届的学生组成的，这样的组成无论是对于学生，还是对于教练而言都是幸福的。

在平时的训练中，教练自己花钱给队员买些水果、巧克力补充营养，比赛后老师拿出自己的工资给学生买奖品，作为对学生的肯定和鼓励。大家每天在一起训练，就像一家人一样，虽然很辛苦，但训练之余，大家还会玩些游戏调节一下，像"贴烧饼""世界杯""海盗船长"。所以大家在一起，每天都很幸福，队员之间还收获了一份难得的友情。

全国健美操比赛期间，冯丽敏教练累得发高烧，但还是一路坚持陪着，直到比赛结束。每次临近比赛的周六、周日，教练总会牺牲休息时间，陪着队员在校训练，一起吃饭、讨论。冯丽敏教练的老公是做工程的，在外地工作比较多，一年级的孩子没人照顾，冯丽敏周末只能带孩子上班。

"那你们平时都怎么称呼你们的教练？"看队员对教练的感情都很深，我好奇地问了句。

"美女教练！"几个活泼的学生异口同声地说，"礼堂是我家，姐妹是一家。"

"教练对我们特好，那种感情是无法用语言表达的，说什么都太简单，我们只能好好训练，用成绩来回报教练。"队长林漓说，队员们纷纷点头。

"学生才是我最好的荣誉证书！"

有这样一个团队，里面的每一位成员都青春靓丽，充满朝气。学校的大型晚会上和各种大项活动中，少不了他们动感的舞姿，市区级乃至全国健美操大赛上，也少不了他们"为荣誉而战"的身影,这就是我们陈经纶中学的健美操队。

"停停停,动作再舒展一点。"晚上 8 点多,冯丽敏站在陈经纶大礼堂体操馆边,一只手扶着桌子,一手捂着肚子说:"抬头,挺胸,锁肩",气势十足。在课后和同学一起讨论 WAVE(舞蹈动作)、大跳、阿拉 C 杠等,从而给予技术动作很多新潮的建议,结果意外收获了学生的信任,成为他们心中最坚强的后盾。

在训练中,冯丽敏非常严格,要求学生严谨认真、精益求精。学生每练一次,她都要以一个新的高度、新的标准来衡量,不断以更苛刻的眼光帮助他们找问题;每练完一次,她都要一个人一个人地评价、挑问题、纠正,不放过任何一个细节。

2015 年 5 月 9 日,在第五届北京市体育传统项目学校健美操大赛激情四射的舞台上,伴随着充满激情的乐声,经纶啦啦队跳起刚劲有力的花球啦啦操,整齐划一的动作、多种不同风格的舞蹈动作以及多变的队形,彰显了经纶学子的个性并赛出了经纶学子的水平。最终,经纶啦啦队获得了第一名。

"你们的水平是全国水平!"总裁判长说。当天比赛结束后,总裁判长极力推荐经纶啦啦队参加全国比赛。"学生才是我最好的荣誉证书!"说这句话时,冯丽敏发自内心地甜。(红袖子整理)

健美操多元化教学对学生创编能力的影响

健美操创编能力是健美操教学效果的综合体现，只有博纳才能厚积，只有厚积才能薄发，没有丰富的健美操技术动作、学习方法的体验感受、健美操理论知识与实践作素材作铺垫，何谈创编，何谈提高创编能力。

本文就如何在中学健美操教学中实施多元化教学，使学生把所学的体育及相关学科知识技能巧妙地融合在一起，掌握自编操的理论与方法，发挥创造力和实践能力等方面作一些探究，力图使"健康第一"的思想落到实处。

一、重视学生主体地位，多元化教学计划满足学生多元化的需求

学期开始的第一节健美操课，教师就要了解到每位学生对健美操课的内容、方法、手段、形式运动、负荷等方面有哪些愿望、要求、建议，从而针对学生的多元化要求与建议，科学地制订出学期多元化教学计划。

在与学生达成共识后，教师的教学工作就更有针对性、目的性，更能体现学生的多元化需求，从而大大激发学生的学习兴趣和学习热情，为日后的创编打下良好的基础。

二、"美"激情，引导学生掌握创造美的规律、博纳健美操多元化运动体系

在教学中，教师应不失时机、因势利导地利用青少年学生，尤其是女生理解美、追求美、渴望塑造美的姿态和形象的心理特点，首先向学生明确健康是"美"的基础，懂得科学健身常识；其次结合美学、人体测量等相关学科知识，使学生理解健美操概念、分类特点、功能，英汉动作术语；最后深入浅简出地让学生了解健美操运动中"美"存在的形式及健美操运动创造"美"、表现"美"的规律。

在此期间要教会学生如何科学配合膳食与营养、体质检测与评价进行体育保健，从而使学生全面系统了解健美操运动体系、作用，做到真正掌握健美操健身美体的方法，从而明白地健身、科学地美体。

三、进行多元化创编理论及音乐知识教学，使学生掌握动作编排的规律

音乐是健美操的灵魂，节奏鲜明欢快的音乐伴奏能提高学生学习动作的效率。因此，教师首先要让学生了解音乐节拍与健美操节奏的关系，然后在学生了解健美操动作设计与创编的一般原则及乐理知识的基础上，进一步了解动作编排的变化因素、正反组合的对称、上肢动作的设计，最后让学生了解健美类、艺术类、表演类健美操的创编原则，使学生掌握的健美操编排理论及音乐风格多元化。

通过聆听及跟随健美操常见音乐（爵士乐、迪斯科、摇滚乐、轻音乐）练习动作，调动学生音乐灵感，达到培养其动作与音乐的协调性的目的，为创编积累素材，以便使学生能够根据自身喜爱的音乐风格创编出风格迥然、功效各异的自编操。

四、通过技术教学的多元化促进学生积累技术动作素材

在学生掌握健美操基本技术动作后，教师的教学应该加上上肢动作的变化、方向变化的无穷性，在此基础上加上拉丁、搏击、形体训练、舞蹈、爵士舞就形成风格各异的拉丁健美操、踏搏、形体操、爵士健美操；利用轻器械、台阶、泳池等器械和场地，就形成轻器械操、踏板操、水中健美操等。

同时，可以将时兴的街舞、瑜珈健身术等相近健身形式作为介绍性教学内容引入课堂以增加健美操教学的趣味性，突出教学的多元化，激发学生的学习兴趣和学习热情，从而使学生可根据个人爱好积累更多的创编素材。

五、多元化教学促学生提高实践能力

多元化教学将有利于促学生提高实践能力：准备活动用线性渐进法（其简单易学不会形成套路）；学新动作时用正、倒金字塔法（其单个动作重复次数可多

可少）；过度动作保持、去除法；已学会的动作用连接法连成一个组合或一个套路；通过递加法帮助学生记忆、熟悉各种组合和套路，同时起到提高练习强度的作用。

通过介绍示范点、示范面，示范面的转换及语言提示与非语言提示的教学技能技巧；带领法、自喊自练法、集体口令法等，为每位学生创造可以运用以上方法反复实践体会的机会，使学生不仅会学还会教，提高其实践能力，最终为创编做好实践方法的铺垫和积累。

六、教学手段多样化促学生提高创编能力

通过多媒体进行立体式全方位声像教学，让学生吸取丰富的最新健身领域发展动态和科研信息，了解当今国际一流健美操高新技术套路，使一些新颖别致、优美实用的成套操对学生的创编有启迪，激发学生的创编灵感，厚积学生的创编素材。

同时，教师应开展多元化的教学，如智力激励法、集体动力法、自主性练习法、讨论法、评价法、正误纠正法、领操法等，让学生互喊互练、同喊同练、轮流领操；利用创编法提高学生理论联系实际编排出符合自身需要的、展示个性魅力的健美操组合；通过表演法在教学班内、年级内、校内进行教学比赛或在学校各种活动中表演，以此促进学生对所学知识的融会贯通，做到举一反三，学为己用，达到提高学生创编能力的目的。（冯丽敏）

旁 白

他人眼中的冯丽敏

啦啦操跳得好就行了吧，不行！冯老师那单双杠和技巧动作更叫我们佩服，田径更是她的强项，跨栏她就是女刘翔，背越式跳高我只是在电视里见过，她都能做出来，跳得都快比我身高都高了，女神啊！

——学生崔丽华

冯丽敏老师是一位极为负责认真的老师，不可否认，她对孩子的影响也是很大的。孩子热爱舞蹈，她选择加入学校的健美操校队我并不意外。很高兴的是，作为教练，冯老师给予了她肯定与信任。

——学生崔丽华家长

冯丽敏老师工作积极上进，做人正直热情，教学基本功扎实，教学能力、业绩突出。

——同事王海波

自白

冯丽敏自画像

自我评价： 我的星座是白羊座，热情勇敢，女汉子味十足。勇往直前是我最大的特点。所以即便面对困难挫折，白羊女都敢于迎接挑战。可以说，我是个极具战斗精神的新时代女性。

人生格言： 1.用爱心来做事，用感恩的心做人。2.成功者绝不放弃。

影响最大的书：《跟苏霍姆林斯基学当老师》。

影响最大的教育家： 陶行知。

启发最大的两句教育名言： "活的人才教育不是灌输知识，而是将开发文化宝库的钥匙，尽我们知道的交给学生。""培养教育人和种花木一样，首先要认识花木的特点，区别不同情况给以施肥、浇水和培养教育，这叫'因材施教'。"（陶行知）

教育教学观： 1.用"爱"挖掘每一个孩子更多的闪光点。2.坚守责任、义务，用"爱"培养孩子更多的闪光点。3.爱孩子，爱每一个孩子。4.学会倾听，学会帮助，学会自控，学会反思，学会低下腰来。

心目中的好老师： 有扎实的教学基本功底，有耐心，有责任心，有爱心。

心目中的好学生： 懂得感恩的学生。

心目中的好学校： 能够让学生快乐成长、让教师幸福发展的学校。

处理师生关系： 学生和老师间的关系很简单，有三种。一是尊敬，二是陌路（你上你的课，我看我的书），三是讨厌（只要你上课，我就翘课）。造成这三种结果的最主要原因就是老师本身。师生之间应该存在一种和睦共处的发展关系。

取得成绩的经验： 工作有耐心、诚心和责任心。

工作和生活的关系： 工作投入对教师的生活质量和工作绩效有显著的正向影响。

补 白

啦啦啦"冯老师"

冯指着 A 同学。

冯：你跳得不对。

A 同学：我跳对了，我对天发誓！

冯：对地发誓也没用，你应该对我发誓，可我看你就是跳错了！

今天 A 同学有了大幅的进步！

冯：……A 同学和 B 同学的感觉非常好，尤其是 A 同学，不知道他哪根筋搭错了，今天跳得这么好！

比赛结束了，三班成绩不错。

冯：A 你跳得老好了，居然坐地上了！

A：我是故意的，这叫亮相！

4.熊素文：加减乘除中做人理"家"

　　"为了学生的发展"是她教育教学的根本，"让课堂焕发生命活力"是她创新的源泉；她曾获得首届全国语言运用基本功大赛二等奖和"爱生之星""阳光教师""师德标兵"等荣誉；她的多篇教育教学论文获区、市、国家级奖项，参与编写了北京市《青少年科学素养培养》《阅读教程》《作文一本通》等；她就是北京市陈经纶中学骨干教师、朝阳区语文学科带头人熊素文。

印 象

邂逅老熊

　　我的语文老师，她自称"老熊"，并把我们班称为"老熊之家"，颇让大家伙诧异。可我第一眼见她就觉得"对上眼了"。老熊的脸很圆，脸上有些雀斑，给我印象最深的是她的眼睛。熊老师的眼睛是黄褐色的，第一眼看上去很慈祥，而且有"妈妈式"的温柔笑意，但越往深看越觉得看不到底，不过又不会让人觉得不舒服，宁静，幽远，安详。（侯惠雯）

故 事

幸福老熊

西方有句谚语说得好："教师就是面带微笑的知识。"老熊的微笑就是她的标志，她微笑面对每一个学生，用微笑创造出轻松、和谐的教育氛围。如果说微笑是一缕春风，那么它会吹散郁积在心头的阴霾；如果说微笑是一抹阳光，那么它能温暖受伤苦闷的心；如果说微笑是一剂良药，那么它能让学生在心底写下一份自信。每个老熊的学生都这样热爱她用心营造的团结凝聚的班集体——老熊之家。

快乐捕捉，来一点"漫画"

老熊说，要懂"爱"的内涵，首先得会爱自己，爱自己身边的人，爱自己的事业，爱自己的课堂。老熊传授给学生的不仅有知识，而且有对生命的理解、生活的感悟、做人的道理、人生的追求。践行着"老实做人，勤奋做事"的经纶校训，老熊和学生一起探寻课堂"三味"：兴味、寻味和情味，乐在其中。

"王维用什么方法打动了秀才裴迪的呢？"今天学习的是一篇课外文言文，对于初二的学生来说难度不小，但是桌子一并，小组讨论热烈地开始了。老熊在各小组间微笑着倾听各小组的讨论。除数学课外，从不发言的王琳举起了手。条理清晰的板书，有条不紊的解说，老师适时的插问补充，大家不禁鼓起了掌……在学习的同时，王琳和同学们越来越喜欢上语文课了，因为老熊的讲课方法打动了每位同学。每堂课，老熊都用独特的视角讲解一篇篇优美的课文，用生动的语言朗读课文，让同学们身临其境，感受每位作家的思想感情。

"拍好了吗？值日生赶紧擦黑板！"板书高手数学老蔡又遭遇了语文课的小组探究板书展示，着急地吆喝着。刘益扬举着相机敬业地记录成果，老熊身边围着好几个没解决完问题的学生。"你的思路重新梳理一遍，看，问题的关键点在……"赵芷昕又一次从"老师，您刚才说得不对。"到"哦，我知道了……"大家见怪不怪，各自忙碌起来。课堂三味余味未了。"都这么有才呢，对联编得还挺好！"老蔡在旁边不禁夸奖起来，"一会儿，上数学课也一样积极思考、积极发言啊！"

心灵相诉，来一点"袒露"

"老熊，生日快乐！"每一年，学生们都会给她过生日，初三时，满满的生日祝福画了一黑板，小小的果冻取代了生日蛋糕，每个人用最经济的方式分享了老熊的生日快乐。即便学生已毕业，短信、电话、微信都会把祝福再次送到老熊的身边。老熊的生日甚至成了毕业学生聚会的日子，因为老熊给大家的就是这样的坦诚和爱心。

聪明却总也闲不住的杨清爻同学深深地记住了老熊的笑容。"您的笑容是最令我难忘的——每天大多数时候您总是笑着的。刚上初中时，我的文言文极差。可每当我在课上回答问题时，无论对与错，您总是笑着为我耐心地讲解。现在我做起文言文比较从容，不再不知所措。您是非常爱学生的，在这短短的两年中，我收获到的师生情甚至比小学六年还多。每当您批评我时，您总是用带有一丝严厉的语气教导我，但我却在这种温和中很快意识到自己的过错，这比面对一张愤怒的脸反省快得多了。这也可以解释一件事——为什么同学们都将您当作朋友。"

李沛雨同学则在老熊的微笑中重新审视自己，调整定位。"老师脸上总是挂着温和的微笑，明亮却不刺眼。她的为人处世与教学也如她的微笑一样。同学经常开玩笑说，不知烧了几辈子高香才摊上这么个好老师！"

巧弹琵琶，来一点"幽默"

上了初中，家长总说没法和孩子沟通了，老师更感觉学生越来越难教育了，老熊却越来越淡定。"我问了，你说了，这是尊重；我不问，你说了，这是信任；你想说，我想问，这是默契。"老师和不同的学生当然有不同的交集，要减少和避免的就是误会和隔阂，良好有效的沟通提高了师生的生活品质。

说说小尹的故事吧。一日，小尹无意带了一本闲书到学校来，课间忍不住看了起来，被数学老师收缴给了老熊！小尹这个不安呀，直到下午班会课，轮到老师发言，老熊从窗台上拿起书，冲大家道："这种书可不是带来学校看的。"说完就向小尹一递，好似还书。从此，小尹再也没带过各种不该带的东西。这就是老熊处理"问题"的方法，她对于这种偶尔的错误实在是宽宏大量，甚至一句批评都没有，看似对大家的一句嘱咐，已经最好地告诫了犯错者。一收，一语，一递，一笑，育人于无形之中。

活学巧用，来一点"叛逆"

引领学生感受语文学科的魅力，进行充满生命力的学习——在语文教师的使命上，老熊从不含糊，她还带领出一个战斗力超强的备课组团队。朝气蓬勃的语文组是创新的力量之源，大家一起创编读写教材，一起开展诗歌散文教学研究，进行教材解读、课堂设计，开展微课堂研究。"拓宽学习空间，丰富学习形式"，熊老师带领备课组开展各种语文活动，特别是文化系列的阅读专题和节日专题活动，同学们将创编的作品通过PPT、小报、展板等形式展示出来。一道道的语文活动风景线，给学生构筑了一个多彩的学习场。

看电影也是学语文？那可不，在看完红色影片后，因为中考新增的科幻小说就在八年级下册教材中，老熊进行了针对性研究，带着备课组设计了结合观看科幻小说和科幻电影的综述活动。小组分工，在老熊的指导下，一个小组完成一篇综述，学生不敢相信自己还能写这样"高大上"的东西。

"语文学习就应该是快乐的，生活就是语文，一点没错吧！"老熊如是说。

责任在怀，来一点"诗意"

"我希望我的孩子们可以幸福。"第一次家长会，老熊就这样直言不讳。当英语老师无奈地问黄柏然："哪位老师能和你正常说话？"黄柏然不打磕巴地应道："熊老师！"当宣传委员为一期板报焦头烂额时，她的大军师是"熊老师"！当于硕元遇着了不会做的数学题，他挠着头拿着本找到的是"熊老师"……老熊感动于孩子们一天天地进步、孩子们对她的信任、孩子们愿意在经纶的发展。

老师和学生的关系是亲密的，学生尊重老师的同时老师爱护学生，这样两者之间就会产生良好的反应。白雅萱的学委之路走得踏实而坚定，她成了班级威信最高的人。其实当老熊建议她当学委时，她有犹豫，有迷茫：从来没干过，又是新的环境……"没关系，有我呢，老师帮你。"老熊微笑着就给了这几个字。"在我眼中，您是一个和蔼可亲的知心大姐姐，因为我能毫不顾忌地把我的烦恼告诉您，您也能认真倾听并耐心为我解决。您很少批评我，而更多的是指引我更好地完成任务；您很少板着脸，而更多的是听着您的欢声笑语结束美好的一天。感动于您'尊重每一个学生'，现在我想对这位大姐姐说：'我爱您！'"

　　功夫在诗外，教育亦然。其实对于任何教育教学方法而言，丰富多彩的形式都只是载体，如何让形式催生出扎实的教育教学效果，这才是我们探索和追求的根本目标。（红袖子整理）

观 点

加减乘除中做人理"家"

人的一生都在学做人，学习做人是一辈子的事，没有办法毕业的。

——荷米艾斯

如果说学校是一个"社会"，那么班级就是构成社会的"家庭"，每个家庭都各有各的故事。

班主任工作不仅仅是规范管理学生，更多的是和孩子们共同生活、共同交往、共同欢乐、共同成长。班主任作为班级的"家长"，要引导孩子共同用爱来维护这个家，用爱经营这个幸福的港湾。

做加法，"每日一言"感悟激潜力

"每日一言"就好像是一天学习生活的激情导语，每位学生在书写时，都会结合所处的阶段特点，适时地鼓励信心，激励前进。

"在学习路上要注意：能力是备用品，诚信是必需品，自负是违禁品。""一定要让未来的你，感谢现在努力奋斗的自己。"（毕业考前后姚洁然、赵小佳）

"把握好每一秒，尽自己权利去做想做的事，这样即使失败也不会有遗憾。"（一模后张博钧）

"心静才能持久，轻囊方能远行。"（二模后王秋阳）

"每日一言"源源不断地为大家补充信心能量，班级结合班会、家长会和百日誓师等活动，进一步帮助学生明确目标，树立信心，制订计划，做好反思。这样的力，为学生的成长注入了能量，为班级发展做了加法。

做减法，"每日一记"细节添动力

初三生活真的不是只有考试分数，学生在题海中感受的不应是枯燥和重复。"每日一记"的内容有三方面：

一记班级活动。"今天的班会课班里组织了'风雨彩虹，铿锵玫瑰'主题班会，在班会上，同学的发言中既说了现在的问题及如何改正，还展望了明天，回忆了在集体中的每一件美好的事情。希望大家全力以赴，考出好成绩。同时感谢一班各位任劳任怨的班委们！"

二记学习思考。"今天一天的状态是各种慢半拍。上英语课慢半拍，下英语课慢半拍，考语文慢半拍，去跑步慢半拍……但是就算是由于拖堂而耽误了时间，我们也要从自己身上找原因。是课堂上的效率太低，还是未完成提前要写的任务？我们不能只一味抱怨，只有改变自身才能改变别人，从而改变慢半拍的现状。"

三记特别事件。"今天的语文课上，竟然飞进了一只大黄蛾子。于是，人蛾大战就这样开始了……其实，有些事正像这只飞进来的蛾子，你越是怕它、躲它，它越是靠近；而如果我们勇敢地去面对它，顺其自然，问题总是会解决的。就是那只大黄蛾子，倒给了我们不少启示，在各种威逼利诱下，它仍保持着沉着的心，缓慢地在教室里飞了几圈。这种从容不迫是我们应该学习的，希望大家在考试中面对挑战，沉着冷静。"

班级的建设需要每位同学的参与，这种主人翁的心态促使班级成员互相鼓劲，勤于思考，优秀的集体让个人更加优秀，优秀的个人促成集体的优秀。这样的力来自先育后管，发展要动力，减的是压力。

做乘法，"每日一星"闪亮聚合力

我们的班级就是一棵树，每位同学就是一片片发光的叶子。班级中的每片叶子都在流汗。

今天我们组的每日一星是王梓航同学，虽然他有一些小毛病，但他身上还有许多闪闪发亮的地方。他乐于帮助身边同学解决学习上的问题，相信他可以在一班这个大家庭里改掉自身缺点，成为班中全面发展的一颗星。

今天的每日一星是熊老师！她做事认真负责，讲课生动幽默，待我们如自己的孩子，她是为初三（1）班付出最多心血的人，她让我们明白人生的真谛，她陪伴我们两年之久。谢谢您，我们亲爱的老熊！

是呀，每一片叶子都在集体这棵大树上流汗、闪光，集体的每一员都是一个"力"，大家相互助力，做着乘法，加倍努力。

做除法，"每日一问（思）"竞赛注活力

在毕业前的一百多天里，我们还能为班级做些什么？

六七组之间的饮料是谁洒的？

怎样才能进一步提高上课效率从而减少拖堂发生？

与以前相比，你到底进步了多少？你是否在为自己播撒下的梦想而努力奋斗？

还有学科、生活中的各种问题和思考。问答和思考发言间，小小的竞争为班级活动注入了活水；每一周小小的奖励，总会带来片刻欢愉时光，课堂、作业、卫生等等方面的评比及学科竞赛使班级充满活力。这要求我们做好除法，一问一思间减小除数，从而得出更多正能量。

做人：理想，责任，感恩；理家：耐心，恒心，细心；我们：和谐，团结，奋进。（熊素文）

旁 白 | 他人眼中的熊素文

老熊给我上的第一节课让我眼前一亮，首先她是借助"熊"的字形告诉我们她的性格。熊老师确实是一个热情的老师，她会给我们指出一些很细小的问题，工作特别认真。

——学生乔思龙

教育教学专业过硬，为人和善；很有生活情趣；能对别人产生一定的影响力。

——同事申军娟

最难忘的是，熊老师组织几个班的同学去敬老院慰问老人，我作为志愿者参加，对熊老师有了进一步的了解，特别是从活动中的一些细节体会到她师德厚重，值得信赖。

——学生李萱家长

自 白

熊素文自画像

自我评价：幸福感特别强，平和乐观是最大特点，又善良又热情；工作上认真负责劲儿十足，有追求的底气；生活上知足常乐，幸福常在。

心目中的好老师：好老师应该有强烈的事业心，有较强的专业素养，有对学生和教师职业的热爱，还要能够变通和创新。

心目中的好学生：正直阳光，热爱集体，品学兼优，心有他人。

心目中的好学校：视野宽，有支撑，以人为本，提供平台，引领师生发展。

处理师生关系：新型的师生关系是相互尊重、相互理解、彼此欣赏的。我和学生的沟通是全方位、立体的。

取得成绩的经验：要说成绩，能让自己欣慰的是我有团结凝聚的班级，有灵动和谐的课堂，还有提升素养的系列语文活动。经验谈不上，但我认为相互尊重是前提，教师的言传身教从态度开始。教育教学是传递幸福的职业，若学生亲其师信其道，则生命课堂快乐无限。

工作与学习的关系：工作的过程即一种学习，常教常新。工作之余更多的是陪伴家人，看书做饭，上网，出游。因为生活即语文，享受幸福，还需表达幸福。

补 白

快乐老熊

　　某日午间，褚建涛抓着听默本急找老熊。"熊老师，您没给我画星！""哎呀，忘了，给你画一个漂亮的。"认真画上，批好日期。翌日午间，褚君又举着本来了："熊老师，您又没给我画星！""不会呀，今天我特意看了，给你画了呀。"拿本一看，果然没有。"我给你画上两颗吧！""不用不用，一颗足矣！"第三日，褚君按时到来。"老师，还不如昨天画上两颗星呢，今天您又……您怎么总把我遗忘呢？""这可奇了，明明画了呀！""嗯，我们组的小潘没全对，您倒给他画了星。"原来，画错地了，有人得了便宜。十颗星可以加两分呢！晕！

　　"小熊，下午的自习我用半节，你有安排吗？"数学老蔡问老熊。正改错的几个小子立刻用眼神交流开了。"小熊，明天早练的题我先放你这。""小熊，早练（恋）啊！"这几个小子更不安分了。"小熊你们叫的？叫老熊，还早恋？"大家哑然。

　　"我的卷子呢？""那就找吧，数学老师上课发的，不会吃完饭，它也溜到别处去休息了？肯定在书包里。"自习课上，老熊淡定地坐在椅子上，黄柏然一会儿翻翻书包，一会儿翻翻位斗，响声已让旁边的同学无法安心写题了。"前面宽敞，拎着书包前面来找！""不一定在书包里。""就在书包里！""如果不在呢？""我给你抄题！"此话正是小黄要的，他得意地和小杨一使眼色，老熊上当了。他拎着书包走到前面，"哗"一声把书包里的东西倒了一地，又翻了一遍，没有。"哈哈，老师，抄题吧。""仔细再找，还要我动手？""唉，原来塞到英语书里了。老熊还真神了。"老熊一瞥眼，语文目标下面压着两张数学卷子。"就你？还能搁哪？我才是有备而来！"得意！

5.乔仁凤："乔姐"是座连心桥

　　她从教十三年，当了十年班主任。虽然她几乎都是从中途接手薄弱班级，但经她之手，班级最后总是能取得突出进步。她有近30篇教育、教学论文获得区、市、国家级奖项；曾参与人民教育出版社教学参考多媒体资源的编写工作，朝阳区中考物理学科阅卷组组长；还曾获得"阳光杯"班主任等荣誉称号。她就是北京市陈经纶中学嘉铭分校（东校区）物理学科教师，朝阳区骨干教师乔仁凤。

印 象

温暖又明亮

既有 70 后踏实的态度，又有 80 后的激情与活力；时尚的装束和新锐的思想颇有着 90 后的味道；教的是个性十足的 00 后——这就是乔仁凤当下的教师生活，累并快乐着。

她爱自己任教的学科，总是鼓励学生们去发现生活中的物理，用"物理思维"去解决问题。在她的课堂，学生是讨论、展示、实验、讲题、质疑、联系实际的主角，笑声与掌声是课堂的点缀，她很享受让学生成为"讲台霸"的乐趣。

她常在课堂上"飙"英文，她教所有的物理量、单位、定理都会阐明其英文出处，是物理老师中英语最好的。

虽然已是一个七岁小女孩的母亲，但她拒绝刻板，耐心满满，微笑常在，用幽默的语言去"说教"，学生都喜欢和她沟通，她的 QQ 里经常闪动着学生的头像。

她既能理解 70 后的学生家长，又能理解处于青春期的同学们，将学生团队与家长团队都建设得很好，有战斗力。

她称学生为"亲"，定期在班会课等场合寻找学生的亮点，哪个学生表现出色，就会被授予"亲学生"称号，随着"亲学生"的数量越来越庞大，学生的进步也越来越大。

一年又一年，一批又一批毕业的"亲学生"赶回来看她，争着和她聊天。她也会深情地说："知道吗？我很骄傲有你们这样一批'亲学生'，你们都是最棒的！"（张丽娜）

故 事

"乔姐"是座连心桥

乔仁凤喜欢学生叫她"乔姐",学生们当面"从"了,但私底下,总是称她"老乔",其实她总是努力做"小乔",做一架连心桥。当了 10 年班主任,每天,她都跟她的"亲学生"们,享受着成长的快乐与幸福。

一个又一个小小的惊喜

"乔姐"常给学生制造新鲜感,她喜欢看惊喜的表情在学生的脸上荡漾开来,心灵的愉悦总会让师生动力满格。

那次中途接班,尚未与学生谋面的她已对着学籍卡上的照片熟背所有学生的名字。军训是她与学生相处的第一天,她用心地把名字与那些早比照片长大很多的"真人"对号。到当天训练结束时,她以游戏的形式让学生点人她来认,做到了 38 个人零失误,学生们惊讶地热烈鼓掌。他们收到了第一个惊喜,师生间的距离也一下子近了。她给的惊喜还包括让人脑洞大开的解题方法、精彩的实验、生日的祝福、学期末的评语、抓拍的照片、与学生一起游戏(如撕名牌)……,当然最大的惊喜还是:宝贝们,今天免作业!

学生也回馈给她惊喜。重视实践的"乔"常在课上播放同学们做家庭实验的视频。她曾半开玩笑地说要是能当着大家的面拆开一台冰箱再进行讲解该有多好啊。不久"乔姐"便收到一封让她惊喜的邮件:一个转到国外上学没几天的"亲"学生发来了他把冰箱背板拆下来再讲解内部结构的视频。视频中的他笑呵呵地说:正好有个这样的机会,想起老师说过的话就毫不犹豫地录下来了。她就是这么善于调动学生的学习热情,有的同学甚至不惜用妈妈的银镯子去做水果电池实验。她还念念不忘的是,一次下班去停车场时看到自己落满雪的后车窗不知被谁写上了大大的"一路顺风",还画了笑脸。

在她的带领下，班级很团结，学生成绩稳步提升。毕业时她收到惊喜的小礼物，如"永远的（4）班"画册，上面有40多页手绘的班级每个成员与任课教师，"乔姐"的画像旁还写着：特意把您画萌点，美美哒；一条写满了对"乔姐"评价的丝巾；用彩泥捏的实验器材；还有用烘焙做成的电路造型的饼干等等。

惊喜的背后其实是她努力探索用新颖的方式，潜移默化地激发学生的光彩，让生命中不断有美好发生。

特别的爱给特别的你——与最难管的学生"过招"

"乔姐"把遭遇各种"潜力生"看作提升班主任水平的"必答题"。她相信人心向善，因此对他们不嫌弃、不放弃、不对立，哪怕身心俱疲，也要想尽办法努力把他们拉回到发展的正轨。

来自单亲家庭的他特别叛逆，老师们提起他就"如数家珍"：迟到是家常便饭；座位周边又脏又乱，时常违反课堂纪律；哗众取宠，打闹怪笑，言行散漫；交齐作业是难上加难；长于狡辩，成绩一般；大错不犯，小错不断；虽有处分，仍不收敛。

与他的第一次交锋是从发型开始的，留着长头帘的他想尽办法逃避学校的检查，批评和请家长也不起作用。"乔姐"把他叫过来说："你长了许多痘啊，看这黑眼圈，熬夜了吧？"他愣了一下，"嗯"，"哦，千万别挤啊，会留黑印的。"又掀起他的头帘说："熬夜最容易额头长痘，你总这么盖着不透气，头发上粘的脏东西和分泌物加剧阻塞毛孔，痘痘好不了呢。还会蔓延，我看你脸上的痘就是这么长出来的，快拯救一下吧。"过了几天，他悄悄地把头帘剪短了。"乔姐"总是以让他能接受的方式与他交流，让他体会到这是个不一样的老师。

其实，"乔姐"已经在为他酝酿并实施"才子"计划。"乔姐"让他组建班级篮球队，并任队长，把多余的精力释放到训练上；课上让他做实验或讲题；班会课上让大家找他的长处，直说得他眼神中充满光彩；与他的家长谈话，指导其沉住气、多关心、少指责，不要总拿成绩说事；周末把他最喜欢的、已毕业的学长请回来与他一起交流；把他常犯的17条具体错误列出来，给他进步的抓手，做好记录。尽管每天仍是磕磕绊绊，犯错不断，但乔老师总是耐心地把问题梳理清楚，指明前进之路，就像帮一个跌倒的孩子清理伤口、拍掉尘土一样，坚定地鼓励他，用接纳与信任走进他的心。

就这样，篮球赛场上，他带领班级取得冠军，学习上也取得了明显进步。初三分班时他写道："每当想到乔老师不教我了，我的心都在滴血。您说我是蒙尘黄金的画面，您讲题的画面，您与我家长谈话的画面，您帮我解决问题的画面在脑海里挥之不去。感谢您给我鼓励，给我信心，给我希望。您放心，我会努力的！"

"乔姐"认为，越是能"作"的学生，越是用特别的方式证明自己的存在。其实他的内心是痛苦、脆弱的，需要老师高层次的爱，所以不要把这样的学生当奇葩，要坚持以爱润心，以智服人，一切皆有可能！

我的微笑带来你的快乐

"乔姐"很爱听北京交通广播的《一路畅通》节目，主持人总能用声音传递出笑容，那种乐观与幽默让人堵车不堵心。她在学生面前也常用微笑传递爱的温度。

她用微笑表达着宽容。接班不久在巡视自习时，"乔姐"发现一名男生在画漫画，他投入得直到旁边同学捅他时才抬起头，瞬间一脸敌意。乔姐却像发现"新大陆"一样笑着说："哇，人才啊，太专业了！"他愣了一下，"老师，别没收好吗……""好啊，但你得付出违法成本，怎么罚等我想好了再告诉你哈。"下课后男生主动找"乔姐"承认自己的错误，她边翻他厚厚的画作边笑着说："这次我'罚'你当我的御用画师，下次就没这么便宜了啊。"从此黑板上养眼的电路图、机械装置图成了物理课堂上别致的风景线，"乔姐"不仅拍下照片，甚至不舍得擦掉，男生的成绩也悄然进步了。

"乔姐"认为，从发怒那一刻起，老师就失败了。所以当学生上课走神时、出错时、压力山大时……一抬眼，"乔姐"的微笑就在那里。她用微笑给学生以安全感，架起了沟通之桥。

一支得力的家长团队

班主任实际上带了两个团队，一个是学生团队，一个是家长团队。"乔姐"深知家庭教育对孩子成长的重要性，并把与家长达成共识、建立融洽关系作为重要的工作内容。

"乔姐"坚持每周末精选一段300字以内的教育小文发给家长；每天以短信或电话形式联系4个学生家长。这样每两周至少和全班的家长都交流一次，谁也不会被漏掉。她从不以教育者居高临下的姿态和家长交谈，不因孩子的错去责怪家长，而是真诚建议，认真倾听，让家长感觉到老师的尊重。有个薄弱生家长感慨道："从小学到初中，一接到老师的电话我都紧张得腿肚子转筋。但与乔老师沟通，无论是说孩子的不足还是优点，每次都让我心里不再纠结。"

"乔姐"广开言路，常向家长征求意见。她喜欢在办公室里边写东西边用耳机听英文歌，这个习惯很快就被学生捕捉到了。于是有一个学生边听歌边写作业被家长批评时理直气壮地说：乔老师也这样！家长向乔老师反映后，她很惭愧，把耳机收起来了。后来她设计了班会课"战胜不良习惯"，当着全班的面做了自我批评，并说明这种做法既伤害听力又分散注意力，使工作效率大大降低，请同学们监督她改掉不良习惯。家长对这种处理方法很满意。

"乔姐"把家长会设计成鼓劲会：及时回信息，主动和老师沟通、策划或参与班级活动，让孩子做家务及参加社会实践，不袒护孩子，善于与孩子沟通的家长都能得到表扬。她也会明确班级发展的目标并指出现实的问题，让家长们感觉跳一跳就可以够得着。

"乔姐"解决问题的能力让家长服气。班上有一名女生，因早恋与父母起了冲突，竟然夜不归宿。乔老师接到消息后多方联系，几经周折后帮家长找到了孩子。孩子上学时，她非但不批评，还心疼地引导她把苦闷都说出来，弄清真相。之后乔老师又与其家长谈话，明示教育原则，开出药方。

"沟则通，通则顺，顺则和"，家长团队成为孩子们发展的有力保障，班级建设在家长的支持下不断打开新局面。

这就是乔仁凤，她亦师亦友，用爱和智慧架起与学生沟通的连心之桥，用她特有的方式叩响学生的心灵之门，书写了一个又一个动人的故事！（乔仁凤整理）

行胜于言 心手相牵

我眼中的教育是一种智慧的关爱，一种有效的激励，一种真诚的付出，一种耐心的等待。我认为教育也是我与孩子们一起成长、相互促进的过程，虽然这个过程充满挑战，但我也体悟到了内心世界的持续充实与强大，进而让自己更接近一名优秀老师的标准。

一、坚持学习，全面提升素养与境界

曾经的我带班时因为只知付出而焦头烂额、束手无策、生病不断，处于崩溃边缘。为了走出困境，我知道只有充实自己才能拨开迷雾。经历了痛苦的反思、大量的阅读，我开始改进自己的管理策略，逐渐总结和摸索出自己的一套方法。我变苦瓜脸和空洞说教为温柔的笑容，遇事不再抱怨和急于求成，而是从容淡定；从单纯地爱学生，变成一个对他们有启示作用的引领者；我努力让真诚、智慧、博爱、勤奋、严格成为自己的关键词，用制度和文化来支撑和滋养班级，通过规范、活动与习惯来培养学生的静气、底气、灵气与大气。

我时常与学生分享自己的学习心得，让学生知道老师在不断地学习、更新、升级，潜移默化地为学生做出了榜样。我也注重在实践中进行反思与调整。每当学生出现问题时，我都会分析学生的成长背景是怎样的，他头脑里的是非观是什么，问题背后的根源是什么；处理问题的方式是不是妥当；处理过程有没有触动学生；学生是否诚服并受到启发；自己的修养与管理策略在哪些地方需要改进。学会未雨绸缪，将问题消灭在萌芽中。

二、身教为先，落实规范重细节

身教最为贵，行知不可分。要求学生儒雅，自己做到控制情绪了吗？要求学

生打开知识面，自己做到博学了吗？要求学生的书桌与书包利落，自己的办公桌摆放整齐吗？要求学生升国旗时高唱国歌，自己大声唱了吗？在班级管理时要求学生做到的，我必须自己先做好。如对到校时间、晨读经典、做眼保健操与广播体操、专时专用、守土有责、放学总结等班规我都带头遵守，向学生示范做事的标准。在工作中，我发现用掷地有声的行动去说服学生，胜过一百句说教与批评。

如对班级卫生我是零容忍的，我明确"八净四齐"的具体要求并亲自培训值日小组：怎样擦黑板才干净，抹布几成湿最合适，摆桌椅时以哪些地砖线为参考，如何扫地与墩地，如何自查等，并坚持督查与评价，终于每个组都能保证高质量地完成值日。平日发现哪里不干净，我就躬身去做，同学们逐渐养成了保持卫生的好习惯。班级处处整洁，常常获得清洁日小奖状。无论是做眼保健操还是广播操还是跑步，我都与孩子们一起，用行动教育。终于班级在以上几方面多次得到学校的表扬与认可，班级士气大增。

三、开展活动，丰富精神世界

我接的班级往往教育难度大的学生较多，普通方法难以奏效。于是我努力寓教育于活动中，注重滋养学生心灵，开展了针对班级现状的常规类、调查类、励志类和总结类的活动，引导学生自我发现，自我激励，播下自信的种子，静待花开。

我还发起同学之间互相发现优点的活动，引导学生学会认可自己、赏识别人，传递爱与感动。大家一起发现了一批"人才"，如唱歌好的、画画好的、跑步快的、打鼓好的、机器人获奖的、篮球好的、做值日认真的、热心帮助同学的、照顾花草小鱼好的、从不迟到的、进步大的等，引导学生把精力放在正确的地方。

"我的班会我做主"，我要求学生以小组为单位，设计20分钟的班会活动，提前上交方案，于是各种新颖的知识问答、一战到底、辩论赛、小组拉歌、你来我往、脑筋急转弯、班级达人秀、观看视频、时事焦点、拓展训练等形式多样的活动应运而生，学生的创意与用心让我惊喜、赞叹、佩服。我还常拍下学生们表现好的照片与视频，在班会课上放给他们，同时设立许多班级荣誉称号，尽可能多地将班级同学的亮点清晰地展示出来，让同学树立"我学榜样，我是榜样"的信念。我还常挖掘身边的教育素材，或请已经毕业的优秀学生回来做报告，或者请术业有专攻的家长来做讲座。丰富的活动拉近了同学们之间的感情，学生深深地爱上了班级，许多学生都不同程度地呈现出进步的态势。

四、站稳课堂，教学成绩优异

虽然我是理科老师，但我的授课形式不拘一格，能激发并保持学生的兴趣，学生参与的广度与深度高，学生在每节课上的收获就多。目前我最满意的一点就是我一直保持着对教师这份职业的热情，在课堂上激情四射，葆有一颗善于学习的、不断创新的、年轻的心。

踏实的工作，使我走进了学生的心灵，成为了学生的良师益友与精神领袖，赢得了家长的高度评价和精诚合作。（乔仁凤）

旁 白

他人眼中的乔仁凤

乔老师您知道吗？当您穿上裙子在课堂上英姿飒爽时，一个实验＋一句英语＋一条物理定理＋一个鲜活的实例，简直就是女神！我会永远爱您哦，么么哒。

——学生琳琳

您的心态总是特别积极，有满满的正能量。您开的家长会是加油会，满怀深情，充满鼓励。您对孩子是真心的好，真的上心。感谢您为孩子付出的爱和辛劳！

——学生郑琦家长

乔老师是我校标杆式的人物，在教科研大会、班主任会、党员会、师德演讲等各种场合都能听到她的发言。无论是教学工作还是班主任工作，她都做得十分出色，而且为人谦虚。作为师父，她对我十分严格，让我在高起点上迅速取得进步，感谢师父，师父加油！

——同事兼徒弟范振宇

自 白

乔仁凤自画像

自我评价：善良单纯、心直口快、开朗外向、独立性强、为他人着想、平易近人，但有时多愁善感，抗挫折能力还要加强。凡事尽力就好，但求无愧我心，将心灵对准阳光。

心目中的好学生：身心健康，思维创新，儒雅乐学，善于调整，爱心热情，自律自信，向善向上。

心目中的好老师：有爱心，兼具智慧的本学科专家与各学科的杂家，有生活情趣。

心目中的好学校：注重用更先进的方法来提升教师队伍的素质，学生是真正的主体，没有拖堂、没有海量作业、没有加班加点、没有恶性竞争、没有空洞说教，让老师们既有自己的特色又形成教育合力。

影响最大的书：《给教师的建议》。

处理师生关系：学生信服，和而不流，真诚相处，彼此尊重，互相学习，交流分享。

取得成绩的经验：首先自己要努力学习。当我身处教学困惑时就会把自己埋到书里，学习理论，学别人的好做法，然后结合自己的实际情况大胆实践，进行改进。

工作与学习的关系：信息时代让我们的思维方式与行为方式更新得很快，学习是必须的，学习为工作提供更好的思路与方法。工作之余尽量陪家人，安排一些活动，尤其是每个寒暑假带孩子去行万里路。我还喜欢K歌、游泳、阅读，身体和心灵总有一个在路上。

补 白

"老乔"那些事儿

乔老师平日里都叫同学们公认的昵称，如猫猫、帮主等。有一次上公开课时她脱口而出，"下面有请'大哥'上来讲题"，等"大哥"上台后，听课的老师愣了一下接着都笑了，乔老师的脸都红了。事后她说叫"大哥"久了，差点忘了他真正的名字。

小测验时，有同学举手说某题有问题。乔老师边朝他走边自信地说："这可是我自己编的开放性习题，能准确地检验你的水平哦！"等走到他身边再看试卷后，她吐了一下舌头说："其实这个题还能考察你是否敢于质疑，挑战权威，下面改一下哈。"同学们都笑开了……

乔老师在给同学的新年祝福中赫然写着：愿你在新的一年沉迷于学习无法自拔，你懂的！

6.焦晓翠：被爱的老师最幸福

　　她多篇论文和课获区、市级奖项，辅导学生参加作文比赛、演讲比赛、故事比赛均多次获奖，被评为"儿童文学明星教师"。她从教二十一年来一直担任班主任，所带班级曾获得区、市级"优秀班集体"等称号；她在区级立项课题"小学中、高年级课课清导学案的开发与使用"中担任第一负责人。她就是北京市朝阳区骨干教师、陈经纶中学帝景分校小学语文教师焦晓翠。

印象

爱与恨交织

焦晓翠老师，我对她有些崇拜，有些敬畏，还有时候会在喜欢与不喜欢之间纠结。

五年级时，焦老师来到我们班，我们这几个同学成了焦老师重点"关爱"的对象。我眼睁睁地看着我的战友一个个"背叛"。看看焦老师怎么征服大家的。

焦老师装了一肚子的墨水，出口成章，引经据典，语言特别丰富，真让我们不知不觉地崇拜上她了。

焦老师对我们要求特别严格，只要是她要检查的事，我都不敢掉以轻心。她的小账本记得可细了，只要一个空没填上，不知道她一天要催多少次呢！知道她忘不了，所以我再拖延也没有用，只好抓紧过关了。有一次，该期末了，焦老师给补课的同学订了一个披萨，我不好意思吃，她就送到了我的嘴里。可我知道，一个大号的披萨，她一口没吃，她还是那句老话："我在减肥。"我不知道怎么回事，眼圈一热。

焦老师说话语调温和。我喜欢听她讲故事，喜欢她亲切地跟我们讨论。不知道她怎么知道那么多故事，每个故事好像都有"弦外之音"。（马　峥）

故 事

我的幸福生活

作为一个语文老师，细腻的情感，诗意的课堂，是我得天独厚的优势；带领学生读书，抓住学生每个教育契机来作文章，是我持之以恒的习惯。

蟹爪莲也为他坚持

三年前，学校要求每盆花都有人认养，于是蟹爪莲就这样贴上了他的名字。他是我最得意的门生，外号叫"完美无缺""学霸"。真不知道他还有什么不行的，艺术节只要他参加，其他班的选手只能争第二；演讲比赛只要他出现，稳稳地就给我们班拿回一等奖；每次月考，其他"学霸"也只能想想自己是能争榜眼呢，还是探花。他就是其他选手的"终结者"，他的名字贴在这里最合适，因为他的花开得最绚烂。有一段时间，一连几天，我看他不再谈笑风生，总是在那里红着脸擦鼻涕。我让他回家休息，并且嘱咐家长一定要带他去看医生。第二天，他没来上学。下午，他爸爸打来电话，他得了白血病！我当时就觉得崩溃了。这怎么可能，他那么完美，为什么要给他这样的打击！我跑回办公室失声痛哭，仿佛天都塌下来了。

从那天起，我只去看过他几次，因为怕病菌影响他的身体健康，只有我和他身体状态都好的时候才能相见。每次相见，我都想方设法给他带个特别的礼物：一盆生命力非常顽强的红掌，我想告诉他：你的生命就像这盆花，一切困难都可以过去；一盆结了果的草莓，这个果子在班里早变红了，同学们都不舍得吃，现在已经红得发紫了，全班同学咽着口水特地留给他；我亲手做的蛋挞，告诉他等他好了就为他做一顿大餐。每次见面我们都轻松愉快，但回来的路上我就一路泪奔。

孩子，你一定不要让我失望，我要看到你重新回到我身边来。我不再指责犯错误的同学了，因为想到他们最起码是健康的，即便做错了事又怎样呢？他们还是那么让人欣慰，让人安心。我还是那样爱他们。后来，我不教这个班了。一日，我回到这个班听课，发现那盆蟹爪莲。啊！它还是我们那盆花吗？叶子变得十分瘦弱，没有一个花苞，已经奄奄一息了，我的心疼得缩成一团。连忙抱起它，名字还贴在上面，花已经不是原来的花了，我感到十分不安。果然，通过QQ我了解到他在治疗过程中，嘴全是溃疡，说话都费劲，心情十分沮丧。好吧，我会把这盆花照顾好。我把它带回办公室，精心照顾它。可是，它似乎是病得太重了，总是打不起精神。我每天关注它，希望它快快好起来。

转眼又是冬天，花没有以前有生气，但已经渐渐好转了。突然一天，我看到它那瘦弱的花茎上有了几个红点。啊，打苞了，这怎么可能！这怎么可能！它明明元气大伤啊！真的，不几天，我就看到，它们越长越大，如期开花了！我有了信心，孩子，你一定已经好起来了。

一天中午，他的爸爸打电话来，"孩子解禁了，要出来吃牛排了！特别想和您一起吃。再过一段时间就能复学了！"眼泪又铺天盖地地来了，"完美无缺"回来了！"超人"回来了！"终结者"回来了！冬天，蟹爪莲还在开花，期末一次，开学一次，从不爽约。他在班里默默学习着，少了以前的潇洒，多了几分沉稳。接下来的路，你要走得更好。无论你学习是不是第一，比赛是不是第一，你永远是我心中的最美。所以，你要做好你自己，活出精彩的每一天！我知道，蟹爪莲也在为你坚持。

好书改变人生

作为一个语文老师，又是一个班主任，引导学生好读书，读好书，不仅能让学生提高语文成绩，也会促进学生发展。学生会有这样那样的小毛病，像生病一样，我最重要的一个药方就是书。

宸宸其人，全校都有耳闻，做事蛮横无理，也经常会无理取闹。四年级时与同学打闹他就敢抢椅子。家长知道此事以后，追着老师"介绍经验"，说："焦老师，对待宸宸，原来老师有很好的经验，我给您介绍一下，那就是冷处理。您等他冷静以后再找他谈他就明白了，不要在他气头上说，不然他就该犯浑了。"经过多次了解，孩子在家也是一样，一旦发脾气，家长就或躲一边哭，或是离家出走，或是自杀要挟。唉，难怪孩子这样偏激，也是家长的影响呀！

一次在给另一个学生买书的时候，我看到了一套丛书，里面用一个一个小故事，告诉读者在生气、愤怒、孤独时应如何处理问题，非常适合宸宸及其家人阅读。

当我把这套书买来交到宸宸手里的时候，他的眼里闪现着激动的光芒，这大概是他第一次收到这样特殊的礼物，他如饥似渴地读起来。第二天，他对我说："我和妈妈一起读，我们俩既高兴，又受启发。我告诉妈妈，焦老师才是真正地关心我。我妈妈都哭了。"我说："好书禁得起反复读，这套书就送给你了，再想发脾气的时候就拿出来看看。另外，爸爸还没有读，也要让他读一读。"

"好书改变人生"，真的不假。从那一次亲子阅读之后，我再也没有听宸宸说过爸爸妈妈的"坏话"。从宸宸妈妈那里，我每次听到："感激！感谢！太感谢！"如今，宸宸有问题再也不用被"冷处理"了。

激发内在潜力——永远不言放弃

一位家长谈到我就特别激动，她说："原来老师总是觉得我家孩子智力不行，让我们查智商。焦老师从来没说过这样的话。被焦老师教以后，孩子的成绩越来越好，现在都得优了。"孩子是有差异的，不管什么样的孩子，我都会竭尽全力，帮助孩子做到最好。

子豪是一个特殊的人物，他可以不记作业，不写作业，少写作业，因为这都是老师给予他的特权。他自己非常认同这些特权，同学们写作业的时候，他经常东张西望，无所事事。相应地，他也会受到同学的歧视，淘气的孩子骂他傻子，他不服气，却又无可奈何。

他的确存在很多知识漏洞，学得慢，忘得快，又懒惰，不愿意动笔。考试试卷上他经常只写一两道题，老师都无法给他成绩。考试及格，于他似乎只是一个梦想。但是这样的一个孩子，家里的奖杯、奖牌堆积如山，都是冰球方面的。这么有天赋的孩子，难道学习上真是这样无能吗？

升入五年级，我作为班主任和语文老师，为他做了计划。每周六上午，无偿为他补半天课，对一周的知识点进行梳理复习。每天下午，只要他没有训练，我就督促他完成当天的作业，不搞特权，尽量完成更多的作业。开始，他是无论如何也不能完成正常的作业，必须打折扣，但是后来，他渐渐能完成了。这样，他的周测逐渐从不及格到及格，毕业前都可以得优了。他在语文方面的进步建立起了他的自信，其他学科也有了起色。为了节省他的时间，我为他开设了绿色通道，批作业不用排队，找老师讲题不用等候。他每每享受特权时就会说："不好意思，我有绿色通道。"同学也都善意地接受。但是有时，他会发现自己用不上了，因为他经常很快就把作业写完了。自己写完没事干，他就会玩会儿游戏，他最喜欢玩的就是当老师——帮助别人讲题。他的讲题方法很简单，就是告诉人家怎么做，然后再验收一下，说："你会了吗？给我讲一遍！"听了就让人想笑。（焦晓翠）

被爱的老师最幸福

当教师二十载，我从最初的懵懂青涩到经验丰富；从最初的想让学生害怕到喜欢被学生爱；由最初的对学生"恨铁不成钢"到即便是看"可气之人，也有可爱之处"。这一系列的转变，让我时常沐浴在学生的宠爱之中，无比幸福。"以爱育爱，以德育德"，是同行前辈对我的评价。二十年来，我收获的不仅仅是优秀辅导员的称号，不仅仅是市、区优秀班集体的奖状，不仅仅是骨干教师的称号，更因为爱孩子而收获着被孩子爱戴、受家长欢迎、受领导信任的幸福。

一、让学生佩服我的能力——被爱的土壤

作为老师，我随时会充分向学生展示自己的能力，学生会认为教自己的老师是最棒的，从而仰慕老师。一次次语言优美的课，一次次为学生排忧解难，一次次别出心裁的奖励，都让孩子们觉得老师很棒。家长也经常这样评价我：教我们家孩子的老师是北京市最好的老师。我想家长的夸奖一定来自学生。

二、让学生感受我的关爱——被爱的种子

如果说被学生爱是一朵幸福之花，那么让学生感受到我的爱便是幸福的种子。我对孩子爱得真切，爱在实处。开学初，我会为学生买来体育器材，鼓励孩子们参加体育锻炼；教室里面，会长期备有矿泉水，孩子即使忘带水瓶，也可以有喝的；每天我都会准备一点水果，万一哪个孩子忘带了，就给一个……

在我的班级里每天都发生着一个又一个幸福的小故事，为学生烤干湿衣服被家长赞美，为学生做果汁带动全班同学所有家庭健康饮食，家长、学生，包括领导、老师，都说做焦老师的学生真幸福。正是这样一个又一个小故事，让我在故事中体验幸福，收获幸福。

三、关注每个闪光点——被爱的春雨

我的学生最突出的特点是乐观自信。我会挖掘孩子的优点，让他们尽情展示，从而建立他们的自信心。

楠楠很内向，竞选大队长的失利让她更加胆小。树立起孩子的信心尤为重要。我发现，一次尧尧没有认真完成作业，成绩特别差，同学都在批评这个孩子时，楠楠默默地站在他旁边帮助他。我立即深情地说："这一幕太让我感动了，尧尧的家长病了，他一定很难过，没有顾上复习。我们与其批评他，不如像楠楠那样帮助他。楠楠，谢谢你教育了我们。"楠楠听了，眼里闪动着激动的光芒，同学们都围过来和她一起帮助尧尧。当晚，我认真地把这件事告诉楠楠的妈妈，感谢她培养了这么善良的女儿。家长非常激动地说："焦老师，您不觉得这都是受您的影响吗？自从您教了楠楠，她每天都会向我分享您怎么爱他们。孩子也是受了您的影响啊！"第二天，我给了楠楠特殊的奖励——与我共进午餐。孩子吃得特别香，自信的笑容又回到了她的脸上。

四、学生爱的回报——被爱的果实

"水尝无华，相荡乃成涟漪；石本无火，相击及成灵光。"善待学生其实就是善待自己，能够得到学生宠爱的老师才是最幸福的。在工作中，我时常享受着做教师的幸福。

努力学习——最实在的回报。我的学生总是在不知不觉中爱上语文。他们在学习上的上进时时感动着我。一个家长说孩子在家不好好学习，情急之下说了一句："你这样对得起焦老师吗？"孩子居然自责地哭了。做这样的老师能不幸福吗？

信任依赖——最骄傲的回报。我校从小学到初中，遍布着我的学生，他们对我信任、依赖。为了曾教过的一个患白血病的孩子顺利度过治疗期，三年间我随时和孩子保持联系，与家长一起调整他的情绪，在他身体情况最佳时看望他，给他过意义非常的生日。孩子的每一次治疗有了什么好的进展，家长都第一时间通知我，与我分享这份快乐。我被很多家长的孩子称为生命中最重要的一位老师，这是何等的骄傲、何等的幸福？

关心倍至——最温暖的回报。记得一次期末考试，由于着急上火，我的嗓子失了声。第二天一早，我看见桌子上琳琅满目：罗汉果，金莲花，胖大海，菊花，还有家长亲自熬制的花草茶……那些天，哪个孩子遇到困难，其他同学就会立即去帮助。他们说不想让我再着急了。我在感谢之余，心里暖暖的。这怎一个幸福了得？

对学生点点滴滴的爱，如春雨般润物无声，换来的是孩子们如春笋拔节般地快乐生长。在这个幸福的大家庭中，我享受着做老师的幸福。（焦晓翠）

旁 白

他人眼中的焦晓翠

夏天到了，焦老师经常买来柠檬，中午给我们做柠檬汁。那个料理机是焦老师获得的奖品，焦老师说，这是我们师生共同努力得来的，所以我们要一起享用它。在焦老师的班里我们觉得自己就是宠儿。

——学生郭艺乔

感谢焦老师像妈妈一样关爱着每一位学生。我这个糊涂妈妈周末忘记洗校服了，周日晚上才想起来，洗完之后周一没干，孩子就穿上湿衣服上学了。细心的焦老师发现了，立即让孩子把湿衣服脱下来，烤在暖气上。

——陈建聪家长

儿子心中永远的好班主任。

——同事李威

自 白

焦晓翠自画像

自我评价： 把当教师做为一种幸福的事业，辛苦付出也会作为一个享受工作的过程。

教育教学理念： 教师的真正本领，不在于他是否会讲述知识，而在于是否能激发学生的学习动机，唤起学生的求知欲望，让他们兴趣盎然地参与到教学过程中来。

座右铭： 爱上学生是我最大的幸福。

心目中的好老师： 爱学生的老师是好老师。

心目中的好学生： 真实的孩子。

心目中的好学校： 校园环境富有文化气息。

处理师生关系： 信任，关爱。

影响最大的书：《做最好的老师》。

取得成绩的经验： 我爱我的工作，以爱为基础，可以不计代价地付出。

工作与生活的关系： 工作是生活中的重要一部分。在我的生活中，先把工作放在第一位，其他的事情也是围绕工作来安排的。因为热爱工作，所以觉得这种安排是合理的。

补 白

晓翠悄悄话

新接了一个班，课间学生都坐在班里小声说话。"你们怎么不出去玩啊？""怎么，还能出去玩啊？"

"为什么不能出去玩啊？你们看看，老师给你们买了足球、篮球、排球、羽毛球，不玩等什么？""走，踢球去。"

如今，我们班的教室课间是空的。

"你们看，这奖状，一等奖。"

"老师，您真棒！"

"不，一个好老师需要好学生来成就。这奖状是我们一起得的。没有你们上课的精彩表现，就没有这张奖状。"

学生脸上特别骄傲。

"所以，这张奖状上只有我的名字不行，请你们都郑重地签上自己的名字吧。"孩子们都认真地签上了自己的名字。

"这儿还有一个奖品——料理机。我们以后在班里也可以做果汁了。这是我们共同获得的奖品。"

教育专家认为，随着全媒体时代的来临，学生的知识超越老师不再是新鲜事儿。这就需要教师有意识和勇气放下高高在上的"师道尊严"，和学生互相学习。互为学习型教师，可以激发孩子学习的兴趣，更容易让孩子从老师身上学到尊重与平等。

第三辑　互为学习型

1.杨秋静："懒"老师不懒

　　她在学生社团辅导中成绩突出，辅导的机器人社团多次获奖，其中包括全国机器人比赛一等奖等多个奖项；辅导的3D创意社获得中国3D打印最佳创意奖。她作为北京市通用技术核心备课组成员，多次为新任教师做专题讲座；曾获得北京市首届高中教师基本功大赛通用技术学科一等奖，全国信息技术优质课展评活动特等奖；参与编写并出版了多本本学科书籍，多篇论文在全国和北京市获奖并发表。她就是北京市陈经纶中学信息技术、通用技术教师，学校机器人社团、3D创意社团辅导教师，朝阳区通用技术兼职教研员杨秋静。

印象

"懒老师"是这样炼成的

听杨秋静的课，一个最大的感受就是她讲得很少，看到的都是她为学生设计的一个个任务，甚至是"陷阱"，让学生在课堂上使出浑身解数，攻克一个个难关。

乍一看，这样的课，老师上得也太轻松了！老师不用怎么讲，学生自己干就行了，这对老师来说真是个偷懒的法子啊。其实不然，仔细琢磨这些学生的活动，老师在设计时一定花了很多很多心思，既将知识点融入其中，又充分考虑了学生的兴趣特点和能力水平，以及学生间的差异。

显然，这个看起来很"懒"的杨秋静，课下做足了功夫——课下的备课量比课上讲的内容要多出好几倍，真可谓"功夫在诗外"！

谁说杨秋静"懒"？大学时，她就是班上的学霸，非常勤奋；工作后，她依然非常勤奋，爱思考，爱学习。她总是在不断学习新知识和新教学理念，思考如何把这些东西融入教学中，带着学生一起成长。有一次，为了准备一个新的 3D 设计任务，她在设计室里设计、打印，反复修改，折腾了两周。在这两周中，她已经把学生可能遇到的各种问题都摸索清楚了。真到了上课时，她却犯"懒"了，放手让学生自己去琢磨，只在恰当的时候进行恰当的指导，收放自如，真是"课上十分钟，课下十天工"。

在她上课犯"懒"的表象下，映射出的是她对教学深刻的理解和课下辛勤的努力与付出。（刘中臻）

故 事

"懒"老师不懒

当个"懒"老师，可不容易，"懒"老师把课堂这个舞台让给学生，自己不做表演者，而是做学生成长的领路人。课堂上教师"不讲或少讲"的表象下，蕴含着老师对教学深入的理解和对教学内容的灵活把握，以及对学生的透彻分析。给学生实践与思考的机会，带领学生一起成长，成就学生才是为师者最大的快乐。

上"懒"课可不是那么容易的事情

每到一个新的学年，高一新生最初入学时都会把信息技术课作为一门可以放松一下神经的课来对待。但在接下来的日子里学生们会发现，信息技术课远没有他们想象的轻松，他们总是紧张而充实地度过这一节课，也真正领教了我这个科任老师的"懒"！

一天，一个学生刚打开电脑后就举手："老师，我的键盘不管用了，您来帮我看看。"我却动也没动，说："检查一下键盘接口是否接上了。"学生不知从何下手："键盘接口在哪啊？"我依然不动，说："顺着键盘的线往下找"，学生找到后看了看又接着问："老师，好像没什么问题，您过来看一下。"我仍然不动声色，继续说："重新插一下试试。"学生照做了，依然不行，有些着急地央求："老师，还是不行啊，我解决不了了，您过来一下吧！"这时，我仍然冷静地对他说："你重启一下电脑试试。"学生照做了。这下问题解决了！这个学生终于露出了兴奋的笑容。这时，另外一个学生不解地问我："老师，您过来直接给他弄一下不就得了吗？干吗非让他自己费这个劲呢？"我反过来问这个同学："如果我去弄，以后遇到这样的问题，你们能够自己解决吗？遇到问题是个学习的好机会，这个机会我可不能跟你们抢。"于是，大家会心地笑了。

在课上，学生们会发现，我这个当老师的讲课的时间很少，更多的时候是让他们自己动手去做。每次，我给他们的任务都很有挑战性，多数情况下都需要学生像挖宝一样去网上或在我给他们的学习资料中寻找解决问题的方法。

一次，在讲到动画原理的时候，我布置了作业，要求学生不借助电脑上安装的动画软件将动画中跑步的小人的快跑改成慢动作跑。学生顿时惊讶了："啊，这怎么可能呢？怎么做啊？还是您讲讲怎么做吧。"我带着得意的笑容说："怎么不可能？求助于万能的互联网吧。"于是，学生们开始尝试着去做。半小时过后，我终于听到一个学生兴奋的声音："老师老师，我知道怎么做了！""刷"地一下，全班羡慕的目光都投向了他，一些同学纷纷向他求助："怎么做的？快说。"只见这个学生边操作边说："网上有在线的小软件可以解决这个问题。"这时，我从讲台上望下去，只见全班学生一个个专注的眼神丝毫不亚于他们打游戏时的神情，教室里只听见"噼里啪啦"的键盘敲击声和鼠标点击声。

每当课堂上出现这样的情景，我总是窃喜，让学生去做，少了教师在电脑教室里像猫抓老鼠一样地抓打游戏学生的烦恼。我坚信，只要上课的内容是精心设计的，有足够的吸引力，完全可以在学生选择做作业还是打游戏的博弈中胜利。

当然，我的"懒"仅仅是体现在课堂上。上"懒"课可不是那么容易的事情，这需要在课下增加很多的备课量，要思考如何为学生设计一个集知识与趣味于一体，又具有一定挑战性的作业任务；如何估算学生完成任务的时间；如果学生遇到障碍，如何辅助等等。

经过了一段时间的学习，学生已经习惯了我这个"懒"老师，觉得自己解决问题是顺理成章的事情，遇到问题总是先自己寻找解决的办法，不行问同学，问的最后一个人才是我。看到学生能够遇到问题不依赖老师，敢想，敢做，自己寻求解决问题的方法，我很欣慰。因为我不能陪伴他们一生，技术发展的速度如此之快，没有什么能够比教会他们独立学习的能力更为重要。我就是扶着他们走路的那双手，如果我不撒开，他们永远学不会自己走路。

"懒"老师容易培养超越老师的学生

作为新时期的教师，培养学生勇于超越老师的精神是非常重要的。这种精神可以帮助他们在一生的求知路上披荆斩棘。在我看来，犯"懒"更容易培养学生超越的精神。

我带的学生社团中，经常有学生要参加各种竞赛。竞赛都是残酷而现实的，与学生一起备赛的过程，是我和学生一起经历成长的过程。

每次，竞赛规则刚刚拿到时，我和学生是一样的，都没有现成的方案可以使用，为了以最快的速度确定解决方案，我必须跟学生一起讨论，一起想，不可能是我想好了、做好了再教给学生。因此在这个过程中，我和学生是学习的伙伴，备赛的队友。我们经常会为了处理一个问题争论不休。有时，学生回家后突然来了灵感，想到解决方法，会迫不及待地给我打电话，跟我分享解决问题的喜悦。在这个过程中，我的学生丝毫不会因为某些问题我没有想出来而看不起我个老师，反而会有超越老师先解决问题的成就感。

在我看来，老师用学习的精神感染学生是一种非常好的教育方式，与其每天催着学生学习，不如带领学生一起学习。

在辅导 3D 创意社团时，我就采用了这种教学方式。平时上课，我给学生讲课通常都用一种我已经熟悉的软件。但每一种软件都有自己的优缺点，所以我就尝试着多学几种软件。但我的学习过程并不是自己学，学完了再给学生讲，而是采用一种带领学生一起学习的方式。在这个学习中，我毫不避讳我对这个软件还不熟悉。因为在我看来，高中的学生已经有了自己的分析和理解能力，教师的坦白和真诚丝毫不会降低学生对老师评价。事实果然如此，在共同探讨中，学生与我的距离反而近了，我们成了学习的伙伴。

有一次，学生问了一个我也不明白的问题，我就很坦白地说："这个问题我还真不知道，我回去先想想，你也想想，看咱俩谁先想出来。"学生笑着说："没问题，我争取先想出来。"第二天，学生兴奋地来找我，并得意地给我演示之后说："我想了半宿呢，好不容易才想出来的。"我佩服地说："青出于蓝啊，太厉害了，你！"在学生的心目中，超越老师无疑是对他非常大的激励和肯定。从那以后，那个学生总是不断潜心钻研，用社团成员的话说，他成了我们这个社团里的"大拿"。

正是与学生一起学习的过程，让我和学生一起成长，也正是这样一起成长的经历，让我跟学生之间不仅仅是师生，更是相互扶持的学习伙伴。看着学生超越了自己，那种幸福真的是由衷的。

"懒"老师其实最喜欢找学生的闪光点

记得在一次学校的校本课培训会上，学校的党支书记举了一个例子，给我们看了他用手机拍摄的一些照片，说："这些照片都很美。摄影很多时候就是把不美的东西屏蔽掉，发现生活中的美，其实做教育也是这样，要发现学生的闪光点，不要被学生的缺点蒙蔽了眼睛。"这一席话让我感受很深，其实，长久以来，我一直努力在这样做。

有一个女生，在班里是一个默默无闻、很普通的学生。她选择了我的校本课程。估计她刚开始是抱着一种凑合选一门课的心态才选择了我这门校本课。我观察了她一段时间之后，跟她聊天，发现她对 3D 设计中的首饰等很感兴趣，也很有想法，我便鼓励她说："我觉得你在这方面很有想法，那咱们下次参加中国 3D 打印大赛时，这个内容的设计任务就交给你了啊，别让大家失望啊。""啊？我行吗？"她迅速发出了质疑，"你没问题，我看好你哦。"这句话给了她很大信心。

从那以后，在我的校本课程小团体里，她找到了自信，精心设计了一个作品，打印失败了几次之后，她依然没有放弃。正是我对她的肯定和认可，校本课程班里的学生也开始重视她，就这样形成了一个良性循环。

还有一个男生，同样选择了我的校本课，但我发现他对电脑设计不是特别感兴趣，但他的美术功底非常好，于是我就给了他一个任务——负责对其他同学的作品从美学的角度提出自己的意见。这样一来，虽然他在设计上没有什么优势，但在这个任务上却有自己的优势。在团体竞赛的设计制作中，他的角色非常重要。另外，他还对 3D 打印机的使用很感兴趣，于是，我便手把手教他如何使用 3D 打印机。因为学校打印机的数量很少，打印过程中又容易出问题，所以一般情况下都是我自己来操作。自从教会他之后，我便放手让他来替我完成打印工作。他每次都很认真负责地完成任务，班里其他同学在打印时都直接去找他，他俨然成了我的教学小助手，他自己也很乐于接受这样一个角色。在这个过程中，他也得到了同学的肯定与认可。

其实，每一个学生都是独特的，发现每个学生的闪光点，引导、鼓励他们，让他们认识到自己的独特之处和优点，并体会到学习的快乐，对于教师来说，是一件无比幸福的事。（杨秋静）

观 点

教师要敢于放手

先来说个生活中的很有意思的现象。我调查了一下我和我身边的很多朋友，凡是厨艺不错的，大多妈妈的手艺不太好，而且不太喜欢做饭。而那些妈妈手艺不错又喜欢做饭的，子女多数都不会做饭。仔细分析一下这个现象的原因不难看出，因为妈妈手艺不好，孩子便有了自己动手做饭的动机，而妈妈又不喜欢做饭，自然乐得清闲，所以孩子就有了做饭的机会，而那些妈妈手艺好又喜欢做饭的孩子则既没有自己动手的动力，又没有机会，所以自然就不会做饭了。在教学中同样如此，有时候我们埋怨学生不善于独立解决问题，试问，教师是否在平时给了学生独立思考的机会呢？

很多教学改革的成功，尽管做法不尽相同，但有一个共同点就是放手。不少教师能够理解这点，但在实践中则担心放得太多。只要学生出现一点问题，赶紧纠偏，这种教师包办太多。哪一点没讲到都不放心的状态，剥夺了学生独立思考的权利，造成了很多学生能够做的事、能够做好的事，教师也不敢放手的局面。这样做的结果是：教师讲得很明白，课堂进程很流畅，一节课教师上得很舒服，但学生却很少动脑，遇到问题学生还是不会解决。这就是一直困扰我们的"教了不会"的问题。老师讲得很明白，学生反映听懂了，但是一做题还是不会。

前苏联教育家苏霍姆林斯基曾说："产生这样不幸的原因在于，正是在智慧需要沉思、思索、研究的时期，少年都不去思考，而是教师的全部聪明才智都用来设法使自己的课讲得尽可能的明白易懂，使得少年能够轻松地掌握，结果却适得其反。"教师不能放手的原因是多方面的，一种是不愿放手。放手让学生做，就要研究很多问题，在哪放手？何时放手？如何放手？这些都要认真考虑，精心设计，不如教师包办来得省事，来得轻松。"满堂灌"或者"满堂问"看似教师很累，实际上是再省事也没有的办法了，这其实是老师缺乏进取精神的表现。还有一种是不敢放手。担心放手之后，学生提出各种问题，教师解答不了，岂不尴尬？教师们担心的这些情况的确都有可能出现，但我们能因为怕出问题就墨守成规、裹足不前吗？出了问题想办法解决就是了。担心学生提出各种问题，自己解答不了，这就需要把课准备充分一点，把各种可能遇到的问题都考虑进去，增强自己的应变能力，提高自己的文化内涵。教学任务是否完成，不是看教师讲没讲完教材，而是看实际的教学效果如何。教师即使把教材讲完了，但很多学生还是不会，或存在很多问题，这和没讲完有什么区别？另外，学生也有个逐步适应的过程，绝不能因为怕孩子跌跤，而整天抱着孩子，那样孩子是永远也不会走路的。

　　放手让学生去做，对老师来说确实增加了很多的工作量。我每天备课时，最难的一点就是设计学生实践的任务。因为我既要将知识点融入其中，又要考虑任务的难易程度，还要预计学生可能遇到的问题；不仅要考虑如何引导学生的方案，还要针对不同的学生如何完成任务进行分层设计，等等。这种教学方式的工作量远比教师直接把知识讲给学生要大得多。但这种付出是值得的，就像父母教幼儿学吃饭一样，虽然孩子自己吃饭会把衣服弄脏，桌子弄乱，父母还要费力收拾。但没有一个父母因为怕辛苦就不让孩子自己动手学吃饭的。

　　作为一个老师，我们最应该思考的就是教给学生的东西最终沉淀下来的是什么，我想，知识固然重要，但学生这种思考和解决问题的能力更为重要。因此，"教书"不只是把知识灌进学生的脑子里，更重要的是让学生学会独立思考。（杨秋静）

旁 白

他人眼中的杨秋静

杨老师讲得好信息，上得好通用，做得了 3D 打印。凡是与技术有关的问题我们都去找她，她是典型的"万金油"。

——学生韩禹超

从来不满足于现状，总是给自己找麻烦，不断地在学科教学中尝试探索。面对工作中遇到问题，她总是具有化腐朽为神奇的力量，能够出其不意地解决。

——同事张泽工

杨老师善于跟学生沟通，带着学生一起快乐地学习，使孩子找到了自己的特长和兴趣。

——学生郑志浩家长

自白

杨秋静自画像

自我评价：待人温和，与同事、同学、学生关系都很好，有自己的原则和底线。做自己喜欢的事和想做的事比较有韧性，不刻意追求什么，生活中随遇而安。

人生格言：尽最大的努力去做，不为结果，只为不后悔

影响最大的教育家：孔子。

启发最大的两句教育名言：教给学生能借助已有的知识去获取新的知识，这是最高的教学技巧之所在。（苏霍姆林斯基）教学的艺术不在于传授的本领，而在于激励、唤醒、鼓舞。（第斯多惠）

教育教学观：1.发现每一个学生的优点，信任并欣赏每一个学生，使每个学生都能够有所发展。2.真诚对待学生，亲其师才能信其道。3.做个积极进取的教师才能影响学生成为积极进取的人。

心目中的好老师：具有一定的人格魅力，具有较高的专业素养。

心目中的好学生：好学生首先在做人方面是没有问题的。我喜欢每一个有可爱之处的学生。

心目中的好学校：一所好的学校应该是有一种积极向上的氛围，师生间相互尊重，学生能够在学校里得到最好的发展。

处理师生关系：在平时注意与学生多沟通，多了解学生，从学生的角度来思考；平时要跟学生多交流，对学生进行聊天式的引导。

取得成绩的经验：成果虽然体现在一些获奖上面，但这些内容都是我的教学实践的积累。所以我更看重的是学生通过我的这些教学实践学到了什么，得到了哪些发展，成就了学生才是我最大的成就。

工作与生活：尽量把工作与生活的界限划得清晰些，不因工作的情绪影响生活，也不因生活的好恶与悲喜影响工作。工作之余，喜欢看看电视，逛逛街。

补白

杨秋静有多"懒"

监 考

又到了期末考试的时候，当我抱着卷子走进教室的时候，听到了学生如释重负的声音："老师，您监考真是太好了。"我说："什么意思啊，我监考你们就可以放心地打小抄了？""怎么会呢，我们都是好孩子，怎么可能打小抄呢，就是看见您我们不紧张，考试比较放松。""这还差不多，不过你们这种态度倒是提醒我了，得提高警惕啊。""啊……"，我得意地笑了。

"懒"老师

一个学生问了个特别偏的小问题，我也需要查一下才能确认，于是我就跟他说："你问我还不如先问百度呢，我也得查完才知道。这样吧，你自己查，查完确认一下对不对，然后告诉我，省得我自己再查了。"学生说："老师您也太能偷懒了，不但没告诉我答案，我还得告诉您……"我笑着说："这样你印象深刻。"

课堂小场景

一个学生在电脑上完成作业的时候没有保存，电脑死机重启了。

学生：老师，我的东西没保存，电脑重启了，我的东西都没了，怎么办？

老师：重新做呗，说过多少次及时保存都记不住，看来电脑比老师的话管用多了，下次肯定记住了。

2.韩国凤："小宇宙"和她的花儿与少年

　　她从教二十二年，担任班主任十九年，所带班级多次成为朝阳区优秀班集体；具有中学高级教师职称的她，亦是朝阳区骨干教师团队中的一员，作为高三年级把关教师，多次获得国家级优秀教师奖项；她曾多次举办区级研究课，并在区级教研活动中担任主讲人，其撰写的二十多篇论文获市级以上奖励，多篇在市级以上重要刊物发表；她就是北京市陈经纶中学英语教师、北京市班主任课题的负责人韩国凤。

印象

小宇宙韩国凤

一头俏丽的短发，纤细的身材，明亮的大眼睛，甜美的笑容，如果静坐在那里，你一定会认为她是个温柔可爱的淑女型老师。但实际上，她一开口，你就能感受到她身体中潜藏的那个未爆发的小宇宙蕴含着多么巨大的能量。

她从不会隐藏自己的情绪，喜怒形于色，爱憎分明。

她总是相信：办法总比困难多。班主任工作中有什么困难，她都能解决，在与学生的"觥筹交错"中，将班主任工作做得津津有味。严厉起来的时候，她不苟言笑，一本正经地用犀利言辞将顽劣的学生震慑住；温柔起来的时候，她春风化雨，无微不至地用贴心照顾学生。她亲和，从不会在学生面前端架子，永远都是用自家人的口吻呼唤着每个孩子，玩闹起来就像个大姐姐，分分钟忘记自己与学生二十几岁的年龄差。她简单，待人接物从不拐弯抹角，一板一眼得有些傻气，却总能让人感受到她内心的通透与炙热。她真实，从不掩饰自己内心的欢喜或忧愁，任何一个孩子的进步都能让她欢呼雀跃，亮晶晶的眸子里闪动着希望；同样的，任何一个孩子的困难都会让她愁眉紧蹙，却又会坚定地伸出手掌。

19年的班主任生涯中，她磨砺出一套教书的法宝，凝聚了宝贵的育人智慧，演奏出一个个华丽的篇章。她认为"爱，是一种情感；爱，更是一种力量"。多年来，无论面对什么样的班级状况，她总是用爱这种情感和力量把学生凝聚在自己的周围，使他们在爱心传递中体会着宽容、真爱和坚强。

她用行动诠释着"有爱走遍天下"，无愧于"爱心使者"的称号。（赵　叶）

故 事 | 我的花儿与少年

在"成为好学校的教师会是怎样的"这样一种好奇心的驱动下，2007 年 7 月，经过"过五关斩六将"，我满怀憧憬地走进了北京市陈经纶中学，成为这个大家庭的一员。

日复一日，年复一年，春日里玉兰馥郁的香气，秋风下银杏树斑驳的阴影，见证着我在这里一天天老去却又不断成长的身影。学生们换了一批又一批，我却永远看不够那绚烂的如春日暖阳一般的笑颜。我爱这里，爱这里的一草、一木、一石，尤其是那些学生们——属于我的花儿与少年。这些都是我生命中弥足珍贵的印记。

一段旋律，如沐暖阳

"每一次，都在徘徊孤单中坚强……我们知道，我们都有隐形的翅膀，带我们飞，给我们希望……"当三十几个稚嫩真诚的学生共同唱起《隐形的翅膀》，那未经处理过的声线是最美的天籁。我眼眶泛红，举着摄像机的手也有些颤抖了。这首歌我听过许多次，但没有一次如这次令我动容。因为此时，这声音是带着我们班级的爱与力量，传递给我们班一位突然患病住院的同学的。

班上的赵同学突然生病住院了，同学们又惊愕又悲伤。"我知道，你们很急"，我说，"但是，作为他的同学，我们应该是他的精神力量，他是多么地需要鼓励啊！我们要让他振作起来，你们一定会有办法来帮他的，对不对？"第二天，同学们就自制了卡片，我和同学一起集资为他买了礼物。看着那一张张认真的脸庞，我知道，同学们在将关爱转化为行动。

担心他会孤单，我们决定做一张光盘，将心中的感动、希望表达给赵同学。于是，便出现了故事开头的那一幕。我来摄像，同学自由发言，表演，甚至做鬼脸，让最真实的自己陪伴在他身边。在最后，同学们齐唱《隐形的翅膀》。他们特意将歌词中的"我"都改成了"我们"，一个字的改动，包含了全体同学的心，包含了全体同学的爱。

在一个休息日，我带领着学生见到了病房里的赵同学。他苍白的面容饱受病痛折磨，但他非常激动："谢谢韩老师，谢谢同学们，大家放心，我会追上课的，我还要为咱班争光呢！"朴实的话语，真挚的爱。

爱，一个生活中常用到的字。但又有几人能真正将这字印进心里，任由爱字在心底墨迹氤氲。若说人间大爱无处不在，那么，我和我的班则让爱变得实实在在，不浮夸，不躁动。我们没有相互说"我们爱你"，但是，我们的行动已是最好的证明。

一个秘密，笑意朗朗

一个夏末秋凉的日子，同学们都在为运动会做着准备。下午，军体委员突然告诉我，我班的入场队伍走得还不太整齐，需要再练一下。于是，午休时间，我就将这件事通知了同学。不久我注意到，靠窗边的位置上，深埋在臂弯里的头，颤抖的后背，她的脚下，一大片碎碎的白纸屑很是扎眼。这是怎么回事？

那是我班的李同学。她平时总是一副既沉默又高傲的样子，显得有些冷漠。但今天这是怎么了？我伸手轻拍她的后背，问道："怎么了？"她没有抬头，只是耸了一下肩膀。我又俯下身去，在她耳边说："什么事情呀？"她却将头扭向了一边！

犹豫了一下，我走到教室前面，拿来了笤帚和簸箕，将那纸屑清扫干净。扫完之后，我特意将纸屑扔到了教室外的大垃圾桶中，以防那碎片泄露青春期孩子的心事与秘密。在我走到教室门口时，她就站在我的面前，眼睛红红的，还在微微地抽泣。这时，上课铃响了。我拍拍她的肩膀，说："先去上课吧！"

放学铃响后，我们坐在了楼外树荫下的长椅上。"愿意告诉我怎么回事吗？"开门见山，我试探性地问。"韩老师，您知道吗，咱们学校的电影社明天播放电影《不能说的秘密》，这场电影我早就想看了，可是您说要练队，我就看不成了，我就烦了。"她的脸颊因为不好意思而泛着微微的绯红。"哦，我还在猜谁欺负你了，原来就是我呀！"我笑了，她也笑了起来。

于是，一场小风波在她的"对不起"中化解。第二天早上，我将从音像店买的光盘《不能说的秘密》用漂亮的彩纸包好，放在了她的桌子上。她一脸愕然，周围的同学也很惊讶。我对她轻声说道："这可是我们不能说的秘密呦！"

运动会过后，我收到了她的一封信，信里说：您送给我的光盘，我会珍藏。您的宽容，让我永远不忘。当我静静欣赏电影时，我体会到它另外的一种味道，那是您给予的爱的味道。

常常觉得，身边的学生就像形状、颜色各异的玉。我们要用宽容的心抚摸他们，用我们的爱让他们变得光亮润泽。在此过程中，我们分享了许许多多的"不能说的秘密"。我获得了真情，收获了尊重。

一段陪伴，终生难忘

酸甜苦辣的高三啊，我与学生共渡。聆听他们的倾诉，送出祝福的礼物，还要适时添加奋斗的"激素"。

高三的一次班会，我号召学生为自己写寄语，鼓励自己前行。班会后，我却因一张纸条感到震惊：什么一本大学，我一点都不想去！——陈贺。一瞬间我火冒三丈，请他走到讲台边。尚未开口，他看到我手里拿的是他的那张寄语，趴在讲台上呜呜地哭起来。我把已到嘴边的批评生生地咽了下去，说："放学了，你先去休息一下吧。"

那天高三组会散会后，天也黑下来，我立刻去找他。校园里昏黄的灯光把我的影子投到地上，瘦瘦长长的。终于，看到他熟悉的身影过来了，我好惊喜。他见到我，却只是惊讶和冷漠。

我把手中的糖递给他，他犹豫了一下才拿过去。我们坐到了长椅上。长椅好凉，我立刻脱下羽绒服，披在运动后微微出汗的他的身上。他抗拒了一下，我的坚持使他终于把两臂伸进了袖管。他说出了他的困惑。他与父母闹矛盾，父母因他闹矛盾。他厌倦了，真地不关心考什么大学，只想快速结束高三。我明白了，来自父母的压力已经使他逃避，他对父母的期待无动于衷。我也明白了，他需要的是理解，是鼓励，是温暖。哪里有？我这里有。冬天的冷风也阻挡不了我热情地和他畅谈。终于，他点了点头，轻松地笑了，我的一颗心终于稳定下来。

作为一个普通的教师，虽没有轰轰烈烈的事迹，但是我在努力。（韩国凤）

观 点

教育，是点燃火焰

　　与三尺讲台为伴二十余载，声音由清脆变得沙哑，黑发也有泛白。迷茫、痛苦、希望、幸福交织着拧成一股麻绳，将我的心和生命都牢牢系在教师岗位上。一路走来，我不断探索——教育的意义是什么？我想每个做教育的人都会有不同的心得体会，而我最大的感触便是：教育，是点燃火焰。

一、激发潜能，学生会有更多亮点

　　潜能就是一个人潜在的能力。教师的任务之一就是要最大程度地挖掘学生的潜能，使每一个学生的能力都发挥到极致。

　　我相信每个孩子都有自己的闪光点，并乐意去发现他们的闪光点。曾经在一个新班的第一次班会上，一个学生这样说道："我没有担任过班干部，我也不想担任班干部。求老师、同学不要让我担任班干部。"他的话令我的心情非常沉重。但是我说："这位同学能够直言自己的观点，我喜欢这样坦坦荡荡的做法！"我的话令那位同学吃惊，他没有想到，他会得到这样的称赞。他的眼睛亮起来了！后来他也担任了班干部，并且越干越好。这就是表扬的力量。

　　每个人都希望得到别人的认可，学生更是如此。教师要及时给予学生肯定和表扬，让他们得到前进的动力。同时，我还鼓励同学们相互发现闪光点。在开学评选班干部的时候，我发给大家一张纸，上面写道："我认为 _____ 同学能够担任班干部，因为我认为他／她……"让每个人写出别人的闪光点。每个被选中的孩子都突然意识到他们的肩上多了一份责任。我们组织召开班会《亮出你自己》，在班会上，同学们说出自己的或他人的优点，同时也指出不足。同学之间的欣赏和信任，都在帮助学生自己调节。

　　我相信，和谐的师生关系是激发潜能的重要力量。我每天都要和同学们聊天，

"我相信你行！""我觉得这对你来说不成问题！"我将正面的话语传递给学生。当发现他们的不足时，短信、书信就是我们良好的沟通渠道。

教师的肯定、表扬，会在同学们心中燃烧起一把火。这把火将他们心中的犹豫、自卑等杂草统统烧尽，只留下那些孕育着希望的种子，让他们不断发挥新的潜能，展示新的自我。

二、倾听心声，理解促进共同的前行

陶行知先生说："我们必须会变小孩子，才配做小孩子的先生"。所谓"会变小孩子"，就是教师要尽量使自己具备学生的心灵，用学生的大脑去思索，用学生的眼光去看待，用学生的情感去体验，用学生的兴趣去爱好，做一个认真的倾听者。

萧同学上课时精神不集中，我将她记录在案，第二天她又有些恍惚，我批评了她，她要开口说什么，我以为她是道歉所以打断了她。直到那一天，同事（这个同事和萧同学的阿姨是同学）和我聊起，说萧的爸爸妈妈感情破裂，她还真有些难受，又不愿别人知道……我难过，愧疚，如果我能多去倾听，能够在一开始就多些了解，能够不把事情看得那么理所当然，我就能够早体会这个女孩儿的难处，能够早给予她力所能及的帮助与关爱……

每一个个体每时每刻都在自己的世界里波涛汹涌，经历着不同的故事，时而翻腾，时而平静。作为教师，我们是守护者，是培育者，但在这之前，我们更要做一名好的倾听者，守在那世界外听那雨水砸落在花朵上的声音。

三、做人为先，成就一个大写的自我

德国教育学家赫尔巴特认为："教育的唯一工作与全部工作可以总结在这一个概念之中——道德。"

作为教师，我一直努力关注每个学生的情感，利用一切可能的机会帮助学生形成美好的心灵品格，让他们用积极和乐观的态度去接受美的事物，提高他们的思想道德水平。做一个人，一个大写的人，一直保持本心，不被物欲浸染，这比书本上的知识重要得多。

面对学生，我便会利用各种契机召开系列感恩班会。教师节时的"吾爱吾师"，母亲节时的"浓情五月天，真情献母亲"，父亲节时的"生命中的大树"等主题班会，我鼓励学生说出自己的爱，感谢帮助自己成长的人；常怀感恩之心，成为更好的自己。志愿服务活动也是我班的重要活动。我班在校内设有服务基地，在校外也有多家志愿服务站点。同学们定期去做志愿活动，向社会奉献爱心。我班还开展"人生规划"系列的主题班会，每周一早晨的晨间论坛，我让学生及时关注自己的成长，放眼世界。

我想通过各种各样的活动培养学生敢爱，会爱，正直，善良的品质，我相信，这些美好的品质将是他们一生的财富。

四、放手去爱，信任促进更多担当

冯骥才先生在著名散文《珍珠鸟》中流泻下的感受："信赖，往往创造出美好的境界。"

对于班级管理，我一直信奉"自主原则"。我始终信赖学生，相信他们有能力把自己管理好。我们班里实行小组负责制。我先让学生选出自己最信任的五位同学担任小组长，然后由小组长和我共同商讨班规和组员分配。以小组为单位承担值日，扫除，板报设计，作业收取，纪律值周等工作，更重要的，每个小组的同学就是学习小组，要互相帮助，小组间展开合作，考试后统计进步名次总和，总和最多的组胜。每个组员在组内的各项活动中都有自己的职责，我总是鼓励他们自己处理纠纷，更是提倡彼此之间互相照顾。于是，"同学"一词增添了依靠的含义，他们的肩上扛起了一份对他人、对班级的责任感，班级的凝聚力自然而然地大有提升。而我，在背后默默地为他们把握方向，提出建议，加油呐喊。

我相信，教师的职责绝不应是泛滥的爱心和宠溺的温柔。给学生以机会，是教会学生"渔"，教会学生自我管理。教师的信赖，会让他们学会担当，变得成熟和冷静。（韩国凤）

旁 白

他人眼中的韩国凤

韩老师如一坛老酒，刚开始时有些辛辣，时间越久越醇香浓厚。

——学生薛静怡

韩老师管理班级柔中带刚。对学生有非常独到的教育方式，让学生心服口服，我们家长佩服！谢谢韩老师！

——家长张开元

真佩服她能够如此长的时间担任班主任工作！而且，还把班级带得那么好！

——同事蔡芸

自白

韩国凤自画像

自我评价：矛盾的人，宜动宜静。安静时特别安静，见到学生容易"激动"。有时觉得自己苍老，见到学生又想忘记年龄差。外冷内热，热情，善良，爱学生是不变的主题。努力做好本职，愿意和学生共同成长。

人生格言：教育学生，从爱出发，爱是一种特持久而深刻的感情。

对自己影响最大的教育家：李镇西。

心目中的好学生：懂得感恩，心存善良的学生。

心目中的好老师：真诚，单纯，善良。有着火一样的热情，去激发学生的潜能，有高尚的人格魅力，去影响学生。热爱教育，热爱生活。

心目中的好学校：施行个性化教育，充分挖掘每个孩子身上的特长以及潜在发展的可能，给予学生充分的自由的发展空间和平台。领导平易近人，教师和蔼可亲，学生阳光健康。

处理师生关系：一点耐心，去倾听学生；一点宽容，去谅解学生；一点爱，去托举学生。

影响最大的书：《爱弥儿》。

怎样战胜挫折和困难：告诉自己，困难只是暂时的，同时提醒自己，多做准备，下次困难会少一些。

取得成绩的经验：永远保持年轻的心，永远向前看。

工作与学习的关系：工作亦是学习，教书育人亦是成长。

补 白

KK 趣事

关于 "K-PHONE"

"将来一定多买几个韩国手机，然后在地上砸碎。" 刚分班时，这是班里人心照不宣的秘密，为什么呢？因为严厉的班主任韩老师全名韩国凤，拆分，韩国，phone。慢慢地，熟悉起来，Korea-phone 却变成了我们对她的爱称，渐渐简化就成为了 "K-phone"，关系亲密起来后，她就成为了我们心中的 "KK 姐姐"。

关于 "臭嘴巴"

韩老师提醒我们说："自习课不要讲话啊，讲话影响别人的就是臭嘴巴了啊！" 结果又一次她没有说好，说成了 "臭嘴巴子（巴字为四声）"，当时我们就笑了，自此许多同学都模仿她。

关于 "听写"

对付韩老师听写单词，有的同学想到了奇招，他们将单词随意组合。七八个字母拼凑一下，有不会的词用另外自己会的来代替…真希望韩老师的眼神不太好。可惜，最终被韩老师识破啦！她一脸自豪地说："想骗我，你们的水平还不够哟！" 真是气我们！

3.陈静：高效老师课堂更高效

她教学理念先进，课堂高效，勇于创新，成果突出，多篇教学论文获区、市、国家级奖项；她有丰富的备考经验，从教十一年，所带班级历次考试成绩位居朝阳区第一，她就是北京市陈经纶中学帝景分校物理教师陈静。

印 象

高效陈静

跟陈静共事三年，感受最深就是她真正做到了减负提质。

教学上，她高效。

众所周知，初三教学非常紧张，时间紧，任务重，五门主科一起抢占时间，但是陈静从来不和其他科老师抢时间，也不占用学生的业余时间，甚至从来不拖堂，定点上课，按时下课。

能做到这些，都是源于她平时课堂的高效。她善于对教材知识点进行归纳和重新整合，将相同的课型归纳出一些共性的学习方法，多节课的内容整合到一节课就完成了，所以她常常能有很多课时来复习和练习，大大提高课堂效率。比如物理中有很多测量工具，她就打通教材，从原理、构造等角度教会学生认识和使用仪器仪表，通过学习，学生不仅会使用已经学过的仪器仪表，还可以通过看说明书了解未见过、未学过的仪器仪表。

她上课游刃有余。陈静对所有中考知识点、考试内容、考查形式了然于胸，将知识点用各种方式串联起来，对学生授之以鱼的同时又授之以渔，这样学生就真正学活了，考试成绩自然好。

她做事善于动脑。无论遇到什么事，她总是考虑用最快、最简、最有效的方法来解决。

这就是陈静，用自己独特的高效成就了高效的课堂。（杨　洁）

高效课堂炼成记

以兴趣促高效

现在我们来玩一个游戏哈，假设我们每个人都是一只小灯泡，我们的两只手臂作为连接的导线，现在，请你和你的小伙伴手拉手连接一下，看你们能连出几种方式……

现在叉鱼比赛开始啊……为什么你们明明都瞄准了，却没有一个叉到鱼呢？

现在把你的小伙伴从地上抱到讲坛台阶上，然后计算一下你需要消耗多少能量呢？

我们来听一个故事吧：有一位科学家的妈妈病了，医生诊断必须马上动手术，可是家里光线很暗……

睁大眼睛看好了，现在魔术开始了，我将水瓶倒过来，乒乓球会怎样呢？掉下去，NO，NO，NO，我让它掉它就掉，它很听话哦……

现在辩论开始，到底力和运动有什么关系呢？请正方和反方都先陈诉观点和依据……

好，我们分别请以下同学展示他们的小制作：升降衣架，光感自动窗帘，防盗门铃……

假设我们现在就是阿基米德，我们回到了公元前，当我们站在浴缸里面洗澡时，我们发现了什么？

……

你能猜到这是物理课堂吗？陈老师用生动活泼的物理学故事、好玩的游戏、神奇的魔术、激烈的辩论等带着我们学习，这些可以吸引同学们的兴趣，使同学们积极主动地参与到物理活动中。

以制度保高效

每年开学的第一节课，陈老师的自我简介都能占用一节课，按照她的观点就是，没有规矩，不成方圆。不过有些规矩确实挺新颖的，我们一起听一听吧：

我对我自己提出一条要求，同时也对你们提出一条要求：

1.我要求我自己绝不拖堂。我要求你们，在我的课前，只允许休息、活动或准备物理课的器具，第一遍铃声响时，复习上节课知识，不允许迟到，不允许干别的事。

2.我要求我自己每天晚上给你们留的作业绝不超过20分钟。我要求你们不要抄作业，要独立完成，即使是手工作业，也要认真完成。

3.我要求自己绝不轻易请家长，给你们自我悔过的机会。我要求你们不要触及我的底线，比如在我的课堂不补其他科作业……

4.我要求我自己每一节课认真备课，让你有所收获。我要求你们在没听懂时的讨论时间一定要真讨论，不要说小话。

5.我要求我要充分信任你们。我希望你们考试不要作弊，改错本要认真改错，什么地方可以偷懒，什么地方不可以偷懒要一清二楚……

……

只要你们按我的要求来，我保证在中考中给你们一个辉煌的成绩。

看到这，你是不是也被震住了，现在想想，陈老师真的兑现了她的承诺，没请一次家长，学生作业没超过20分钟，很少拖堂，同样的，你也没想到，我们也尽可能按照陈老师给我们的要求完成。所以目前，我们的成绩还是比较令人满意的。

以方法达高效

陈老师特别喜欢给我们讲方法，大到教我们如何自主学习，小到教我们如何审题、如何改错。

关于自主学习，陈老师将整个初中的教材打通，然后分类，归纳整理出不同的课型，然后教授给我们学习的方法，根据这些学习方法，我们就会预习，自学。

陈老师说："只要我们课堂上都动起来，就不怕学不好。"所以，"看书，讨论，自学，讨论，老师讲，讨论，做题，讨论"大概这就是我们的物理课上课模式。

师：这一节属于什么课型呢？

生：概念。

师：那我们从那些角度来了解概念呢？

生：①为什么要被引入？②……

师：好，现在请你们根据这些问题进一步了解压强这个概念，可以讨论，完善板书……接着，我重点对压强的引入和1pa这个单位的感性认识进行详细讲解，关于压强的引入，我们先来做一个好玩的游戏……

陈老师上课时总将物理课进行分类，然后经常给我们上学法指导课，我们看到测电功率，马上会想到测电阻、测密度；看到电能表，马上想到电压表、电流表、刻度尺、温度计……陈老师真的教会我们什么叫举一反三，触类旁通。

以高效换高分

陈老师经常说："听课、回答问题本身即是一场考试，如果你们每天在这个考场不败，那你们还怕什么！"她在课堂上更多的关注过程，你会经常听到她说："现在我们就要研究这个物理量了，怎么研究呢？这如果是中考题，现在是考场，请你先思考，然后看看你能解决吗？"

印象最深的是一节《杠杆平衡条件》的实验课，当我们做完实验，沾沾自喜地得出结论时，陈老师一系列的问题将我们拍在了沙滩上。

1. 杠杆平衡这个实验为什么支点要选择在中央？

2. 为什么要让杠杆水平平衡？

……

一个一个细节问题逼着我们不断思考、尝试，也更让我们懂了物理的严谨。

（红袖子整理）

观 点

授之以鱼，不如授之以渔

教师与学生在教与学的关系上绝不是强教与被学的关系，而应是平等、和谐的。教师导学，以学论教；学生乐学，自主提高。学生是主体，进行个性化的自主学习和合作学习，教师是辅助指导，这是处理好教学的关键。

大量调查表明，学生的自主学习能力较弱，其中有一部分原因就是家长、学校、社会越俎代庖，所以教师要做的是教学生学会自主学习。

怎么教？我就以预习稿为载体，以学法指导课构建自主学习为抓手，以自学课堂为切入点，以发展学生能力为目的，营造竞争合作的氛围，带领学生开展自主学习的研究性活动。

1. 我通读课程标准，考纲，三本物理书和教学参考，按照物理学科特有的系统性和结构性，将教学内容按照不同课型分类，然后根据不同课型的学生的情况，设定不同的培养目标。比如，课型分为现象课，概念课，实验课（探究实验、验证实验、仪器仪表），规律应用课，复习课等，用每种课型重点培养学生某方面的能力。比如现象课的培养目标就是有意识地培养学生去关注、观察各种物理现象的能力，引导学生从物理现象入手，去研究、分析、探索物理现象的本质，逐步建立物理概念，发现物理规律。

2. 预习内容模式化，以预习稿为载体，指导学生自主学习。

针对不同的课型及其思维特点，设计不同的预习稿，针对不同的课型有重点地培养学生某一方面的能力。比如对于现象类的概念课，我希望通过这样的课达到培养学生观察能力、归纳概括的能力，提高学生分析问题的能力。所以我在预习稿中采用了以下模式：列举大量生活中的现象和例子——分析这些现象和例子的共同点和不同点——发掘这些共同点是否是现象的本质特点，接着用自己的语言归纳概括，形成概念，再把概念具体化，推广到其他的同类具体事物中。比如学习《声音的产生》一节时，我以预习稿为载体，以表格的形式，让学生提前分析一些现象，并上网查找一些资料，寻找系列生活中的现象和例子，并分析这些现象和例子的共同点和不同点，发掘这些共同点是否是现象的本质特点，接着用自己的语言来概括，从而得出结论。这样教会学生科学的思维方法，帮助他们形成良好的思维习惯，从而发展智力，培养能力。

比如：上物理概念课时，我从以下几个方面引导学生去把握概念：

（1）概念为什么要被引入？（2）定义，物理意义，符号表示，单位及其换算，公式。（3）生活中常见的物理量的值。（4）测量。（5）应用。（6）注意概念和物理量科学应用的条件。

通过程序化的模式，逐步地强化学生去思考如何去学习掌握一个新概念，如何预习新概念、复习领悟概念。试想一个学生如果能够按照这些模式去当老师，上好一节概念课，我们还用担心他学不懂概念吗？

3.进行方法指导。

不仅要给予学生自主学习的方法指导，还要对他们进行有关学科本身的学法指导。

开始要给学生讲自主学习的好处，让学生从理论角度认同。接着对于如何完成预习稿，进行具体指导如下：预习稿的结构，预习稿设计的原则，预习稿和上课的关系，怎样完成预习作业？怎么解决遇到的问题？……

关于物理方法，它很实用，物理学方法是提升学生思维能力的基础，是发明创造的思维武器，也是开发创造性思维的理论指导。因此，物理教学把隐藏在物理学中的科学方法发掘出来，加强学生对科学方法的学习和思维训练，从而有助于学生思维能力的发展。

以控制变量发为例：生活中发生的各种问题往往是错综复杂的，因此影响研究对象的因素在许多情况下并不是单一的，而是多种因素相互交错、共同起作用的，所以教会学生运用控制变量的方法分析问题，可以帮助学生解决一些生活中的问题。以"研究电流与电压的关系的预习稿"为例的问题串：

问：该实验的实验目的是什么？　　答：电流与电压的关系。

问：该试验的研究主体是谁？　　答：电流。

问：你猜想电流与电压有什么关系？　答：电压越大，电流越大。

问：你认为电流还与什么因素有关，说出你的依据？

答：电阻……

问：该实验的三量（自变量，不变量，因变量）是什么？　答略。

问：请自问自答以下三个问题，在自问自答的过程中完善该实验的电路图设计。

（1）根据已有的实验器材和相关知识，怎样操作，可以改变自变量？

（2）根据已有的实验器材和相关知识，怎样操作，可以控制不变量不变？

（3）根据已有实验器材和相关知识，怎样观察或测量或计算因变量？

如此一环一环，通过实验，学生就可以对物理问题进行研究了。

在学法指导课上，我引导孩子们用控制变量的思想，帮助孩子们完成他们渴望完善自己的愿望。问题串：

问：该实验的实验目的是什么？　答：成绩不好的原因。

问：该试验的研究主体是谁？　答：成绩。

问：你猜想成绩与什么因素有关？

答：学习习惯、学习方法、答题技巧、知识本身不牢固等。

问：你觉得影响你的因素是什么？　答略。

问：结合你的具体情况，你的实验目的是什么？　答略。

问：该实验的三量（自变量，不变量因变量）是什么？答略。

问：请自问自答以下三个问题。

（1）怎样操作，可以改变自变量？

讨论答案：对于学习习惯，制定目标，计划，上课……作业……；对于答题技巧：圈画关键字词，明确考点，有理有据……；对于知识本身，怎样对知识进行归纳，达到举一反三、触类旁通……

（2）怎样操作，可以控制不变量不变？

讨论答案：保持住好的，学习别人好的……

（3）根据已有的实验器材和相关知识，怎样观察或测量或计算因变量？

答：每节课的感受，每天的作业，每周的自我反馈，每月的月考等。

如此引导孩子们完成实验步骤，设计表格，在真正的学习过程中进行试验，完善自我。

4.营造教师信任学生、学生间竞争合作的氛围，为自主学习保驾护航。

给学生充分的信任，充分发挥小组合作的功能。当遇到难点，我讲完后，给学生充分的讨论与思考时间，引导他们讨论或争论，双方各抒己见，畅所欲言。我经常鼓励他们，遇到两人观点不统一时需要讨论，互相发现对方观点中的谬论。我的学生在学习过程中，尤其在讨论中重新找回了自信，变得更勤于思考，敢说、敢发表自己的见解了。课堂上他们大胆提问，进行"我认为……"的大胆分析，甚至在上课时，我会经常面对学生的挑战，比如"我的方法比您的更简单。""我觉得这样讲给大家，更容易让其他同学理解。""您先别讲，让我们讨论讨论。"等等。学生变得敢和别人交流沟通了，能欣赏他人，取长补短地竞争与合作。

总之，授之以鱼，不如授之以渔，教会学生自主学习，使其由被动地接受到主动地掌握和建构，从知识的机械复制到发展性的自主学习，挖掘每个学生的潜能，发展学生的思维能力，提高学生的整体素质。（陈 静）

旁 白

他人眼中的陈静

陈老师追求效率，课上抓紧一切时间去教学生知识，多做些练习，把每个知识点讲得很清楚，每次考试都能够抓考点，让同学们查漏补缺。

——学生梁仪航

谦逊低调：任教物理学科，成绩在历次区统考、市中考中名列第一，且成绩遥遥领先，但从不炫耀。

聪慧高效：她的物理起始课我没有听过，但听闻上得特别精彩，下次一定去听，不能放过。她基本功扎实，讲课有激情，层次清晰，她的课堂是名副其实的高效课堂，她从不在课下耗时间，成绩却出类拔萃，即使一些没听过她的课的老师也在推测她的课堂功夫。

头脑灵活，勇于接受新生事物，对于新的教学手段接受特别快，勇于创新，永远走在大家前面。

为人踏实，肯干，善良，正直、乐于助人。

——同事乔仲勤

一个智慧的老师，我家孩子非常喜欢陈老师。

——学生刘禹廷妈妈

自 白

陈静自画像

自我评价：平时内敛，一上课就激情四射，工作认真，敢于创新，把减负提质作为自己的目标，以带领学生去欣赏和体验物理的美妙与神奇为己任。生活中，乐观开朗，爱好旅游。

人生格言：我来过，我体验过。

影响最大的本：《给教师的建议》。

心目中的好老师：真正优秀的教师，不需要发出命令，学生就会自觉用功，努力求好，因为优秀的老师总是会有办法营造出适当的学习环境与有效的学习秩序。

当今的物理老师就应该让学生乐学、会学，让学生通过对物理的学习能解释生活中的现象，能把所学物理知识应用于生活，能运用物理中研究问题的方法解决生活中的问题。

心目中的好学生：每个孩子都有闪光的一面，我更欣赏品行端正的孩子。

心目中的好学校：老师很幸福，学生愿意去。

处理师生关系：平等就会和谐。

教育教学观：物理方法和物理文化本身更甚过知识。学生主体，教师引导，学生不会自主学习，我们要教他们学会自主学习。

取得成绩的经验：抓住课堂每一分钟。

工作与生活的关系：认认真真地负责任地工作；生活的时候，全心全意地愉快享受生活。工作之余爱旅游，看书。

补 白

陈氏物语

物理，讲的就是物中道理，所以你做题时，每个题都要有道理，有根据，要分析，不要脑袋一拍，就定答案。

要会学习，允许你偷懒，但要明白什么懒可以偷，什么不行。

别老问我："老师，您看看我哪不会？老天啊，我哪里知道你哪里不会？你应该坐下来，认真分析你的听课、作业，然后过来跟我说：'老师，我这不会，您能给我讲讲吗？'"

4.于艳芹："愚钝"的老于总是给人惊喜

她从教十二年来担任班主任工作七年，连年获得好评，她带领教研组教师钻研教育教学，所教学科教学成绩代表学校在全区连续三年夺得第一名；她多篇论文分获区、市国家级各级奖项；她多次承担各级各类公开课、研究课，她就是北京市陈经纶中学帝景分校的物理教师于艳芹。

印象

"老于"不老

她是 70 后最后一批出生的，这个年龄段的人貌似尴尬，却有这个年代人的独特的风格——肯吃苦、肯奉献、踏实，学生们喜欢叫她"老于"。

12 年来，她送走了一届又一届优秀的学生，她说，这些学生都是上天赐给她的最珍贵的礼物。

刚当班主任那些年，学生们喜欢叫她"小于老师"。后来，学生们就开始叫她"老于"。从"小于老师"到"老于"，不仅代表着岁月的流逝，更代表着小于老师已经从"稚嫩"的新任班主任，成长为经验丰富、得心应手的"老班"。

她喜欢学生在课堂上提各种各样的问题，"不管对不对，老于总会跟个小粉丝似地说'你们真聪明'……"学生们对此记忆犹新。

课堂上，她用强烈的意识去培养学生的质疑能力和创新能力；课堂下，她善于反思和总结，不断地改进、创新教学。"在学校教研工作中，老于是最年轻肯做、肯思、肯创新的教研组长。"校长这样评价她。

理化生教研组长、备课组长、班主任，这样的工作量对外表并不强大的她来说有点儿多，但她却承担了下来，并且圆满地完成了任务。她的认真不是说出来的，而是做出来的。无论是带班还是教学，她都是一丝不苟。

"人要有大气的情怀！"老于是这么做的，也是这么教育学生的。她教会学生的，不仅仅是"物中有理"，更多的是对学习和工作的认真、严谨、科学的态度。

（王银环）

"愚钝"的老于总是给人惊喜

貌似"愚钝"的老于总是给师生们惊喜，因为，"老于"不老。

老于有一套"独门武器"

"物理不难，只要你努力、坚持、善于总结和反思，谁都能学好！""动手实验后你会有惊喜的发现！"每经历一轮物理教学，老于总是这样跟学生说。

追求物理学习的精益求精，老于有一套自己的"独门武器"，那就是个性化地追踪学生物理学习中的问题。在平时的工作中，老于会将学生历次检测成绩、物理试卷上出现的问题、优秀作业、学生实验作为电子档案分类存留下来。分类不是事无巨细，而是围绕重点学生和典型问题，比如学生的表格设计问题、计算问题、受力分析问题、审题问题、易错易混概念等等，学生的作业照片和优秀作业都有相应的文件包，这就是老于深入了解学情的精细化教学工作的一部分。

老于会经常分析学生的成绩，出现了波动的学生必定逃不过老于的眼睛。2013 年 9 月老于新接手两个毕业班，她从看学生初二期末的物理成绩入手去了解学生，小文的物理成绩全班倒数。老于有心地记录这个边缘生的作业、试卷中的问题，小文的问题逐步解决，一举成为女生中物理最优秀的学生。从此小文乐问善思，物理越学越精。老于就是这样在"润物细无声"中给学生创造了一个个成功的惊喜！毕业后的小文每到节日，必给老于送来暖暖的祝福。

2013 届毕业的学生方楚嘉在毕业典礼上这么评价老于：于老师不仅对班里成绩相对落后的同学关心，对于班里的优秀生，她的关心也细致入微。我是一名从小在老师眼中都是"乖乖女"的优秀生，正是这样，我往往被老师"忽略"。而从初三下学期开始，我的物理学习开始出现了一些波动，没想到我的这点变化被于老师发现了……有这么好的老师，我没有理由不把物理学好！老于做出的一个个的"没想到"在学生中流传着，也在同事们当中散播着。

2015届毕业的吴天浩这么评价老于：于老师给我留下的印象最深的地方，是她对待工作认真负责的态度。我在写物理作业时态度最认真，因为于老师每回都会认真批改作业，并打上成绩。每天那么多作业，于老师的工作量可想而知，然而于老师没有丝毫怨言。这让我十分感动，并且更加坚定了学好物理的信念。

对于作业，老于真正地做到了有留必批、有批必记，很多时候同事会看到老于边批作业边拍照边将照片整理到PPT中，哪类学生出现了哪类问题，她了如指掌。上课时的老于有理有据，无论是评价还是表扬都是具体的，深得人心。对于每日要完成作业的学生来说，老于对于作业的评价无疑是一种吸引，同时也给学生带来难以预测的惊喜！

那双眼、那抹笑，"杀伤力"极强

"我一直觉得那双眼洞察能力极强，不管学生学得好不好，她都能用那么慈爱的目光给予他们安慰，给予他们希望。曾经有同学和我说过他有些害怕于老师的眼睛，因为它充满期待，对你百分百的信任，让你有些惧怕去面对，如果没做到就会愧对这般期待。然而当你看到那炽热的双眸时，一切的顾虑又会被融化了。"2015届毕业的学生张译回忆说。

2014年9月，老于的手机接到了一个陌生手机的短信：敬爱的于老师，我是王学舟的家长。您的学生王学舟今年以优异的成绩被香港理工大学录取！非常感谢于老师！孩子在北京上学的时候您给孩子家校联系平台上的鼓励话语我一直存着……这个学生是2010年老于教过的孩子，老于的鼓励融化人心。

2015届毕业生刘甜美在回忆中写道：一次物理考完试后，我和同学对了对答案，发现错了好多，沮丧的我几乎失去了学好物理的信心。那天放学，当我低着头步出校门时，正好遇见了最不想看见的她，她提着卷子也正要回家。我当时跟她问了好，她也热情地跟我打了招呼。看着她脸上的那抹笑，不知不觉我向她说了我考得很不好，说完后就低着头不敢看她，等待她批评我，然而她没有。我抬起了头，她却给了我一个大大的微笑："没事儿，加油，老师相信你！"我的心一下子温暖了起来。我看着她脸上那抹温柔的笑，耳边一直回响着她的话语，我又重拾并坚定了学好物理的信心：我一定可以学好物理，绝不辜负她的期望！于是我便每天都去问问题，有时间就看错题，还从课本中挖掘营养，物理学得越来越好。她也许不知道，她的那句话是我两年来学习物理最大的能量源泉，她的那抹微笑是我物理学习的转折点。

这样的老于赢取了学生的心，也换来了学生的进取或优异的成绩，这是智慧的老于送给学生最大的惊喜。

敢放才发展

自2011年开始老于开始尝试在寒暑假给学生布置物理实践性作业，代替学生不愿意做的笔头作业。学生在玩中学、拍照或者录制实验视频，这也成了老于每个假期与学生进行沟通的一种方式。电子邮箱、QQ群等网络平台成了生活中的一部分，老于利用它们拉近了师生间的距离。老于不断地鼓励、提醒，在群中表扬完成实验好的同学，这给无数个学生信心。有些孩子多年来没有的自信在自己完成的实验或小制作中得到了认可，这也促进了一批批学生爱上了物理，爱上了老于。学生做的优秀作品在年级中展示、新课中展示、复习课中展示，这些学生的实验作品成了教学中鲜活的一手材料。这个过程只有老于知道，只有自己坚持了学生才会坚持，老于在班级群中的表扬就是对未完成孩子的鞭策。老于这一手正好就是中高考改革的方向，实验是物理学科的大半壁江山，她促进学生抓稳了。这种执着的创新精神需要无限的时间和无比的勇气，而老于却乐在其中。

2015届毕业的学生曹倍赫这么回忆："初二刚刚开始接触物理的我，心里难免有困惑。而在初一升入初二的那个暑假，老于给我们留了许多有趣的物理实验，我和同组的同学一边开心地做着有趣的实验，一边惊叹于神奇的现象。老于给我们布置的不是枯燥的作业，而是带我们领悟什么是物理。直到现在我回想起来，仍旧会感叹于老于让我们做实验的独到之处——物理物理，物中有理，先看了物，理便会出现，这才是物理。老于为我启蒙了物理，让我真正地喜欢上了物理，让我把学习物理变成了享受。"

对学生，她的耐心、细心、精心、用心可见一斑。（宋玉梅整理）

观点

提升教育工作品质永无止境

因为初二才有物理课，一直以来，我都是从初二中途接班。不能从初一开始带班的我，要把"后妈"变为"亲妈"，实属挑战。

了解新班需要提前做功课。暑期我带着小礼物对多名学生进行家访，和原任班干部通电话，微不足道的关心和询问逐渐建立起我这个"后妈"与孩子和家长之间的感情。但种种担心还是会在学生身上表现出来：秩序不稳、核心力不强、有令不行、学习被动、成绩不理想。青春期本来就是一个不安、躁动、易出问题的时期。青春期的孩子经历着蜕变，变得"假"成熟，拥有"伪"思想，以为自己长大了，不考虑做事的后果及给他人、班级带来的影响，自我意识比较强，因而对于新的班主任势必抵抗。

初期很难直接驾驭他们的我，从开始硬管无效到后来也采取了所谓"回避"的态度。如果有些事情强调了多次，他们也没太多改变，那就顺着他们的做事方法慢慢加以引导、表扬，这样反而会让他们有所改变。但我该做的必须要做。

在开学初，我将班级原有的好制度保存，并逐渐建立自己的班级管理制度。开学第一个月的四次班会都围绕班级凝聚力，如"优秀的集体需要优秀的你""永不放弃""小组合作齐发展"等等。我把班级分成小组，并让学生起组名。他们在有意思的组队中逐步对团队、班级更加有情感：定值电组、百炼成钢组、坚持不懈组、俗世奇人组、争当学霸组、亲贤远佞组等等。制定量化积分评价制度，对班级卫生、做操、礼仪规范、课堂发言表现、课外活动参与、平时检测成绩等等进行评价。学生们期待周一，因为班会上，参与校内校外活动获奖的孩子都会登上领奖台，一批批孩子因为自己的特长而感到骄傲。我还让学生在班会课上展示才艺，吹萨克斯、录制钢琴曲、拉二胡等等，我总有发不完的奖品。学生的发展是全面的，不能仅仅关注文化成绩。他们期待被表扬，小小的奖品也弥足珍贵，因为这是付出努力后最大的认可！

九月底的运动会是对我组织能力的考验，同时也是拉近学生与我距离的好时机。我和学生商量怎么才能有一个漂亮的入场式，最后确定我先带着学生练走队、练花样，之后发动家长找来了舞狮，热情的学生练起了舞狮，有模有样。开幕式，全校为之惊艳！运动会上学生的体育成绩也非常出色，是当之无愧的第一名！我爱我带的班级，愿意与学生一起为班级的荣誉而战，要让班级"亮剑"！

慢慢地，学生们开始接纳、喜爱我了，这个单从孩子们期待、诚挚的眼神中就能看得出。

"顺应"教育

我班有四位女生被同学戏称为"四人帮"，学习还不错、能力较强，担任着学生会、班干部、课代表等。爱张扬、爱表现、表达能力强、也够灵活、爱跟男生逗，甚至跨年级跟同学也有联系。但她们学习意识不强、集体意识不强，但又在班里占有一定的人缘优势。四位女生在班里叽叽喳喳，在我看来，她们把班里搞得有些"乌烟瘴气"。年级老师也多次跟我反映这几个女生的问题，如放学不回家、在学校里打着"写作业"的旗号逗留聊天，青春期的种种表现在她们身上都有着痕迹。在我的一再谈话、跟家长反馈中，几个女生依然如故，这种困扰甚至一直持续到期中考试后的一段时间。再后来我反思这件事，她们几个有做出什么出格的事吗？好像没有，就是有点晚离校回家。我跟家长反馈后孩子也没多大变化，家长也无能为力，甚至听之任之。班级管理事务如此之多，我不能再盯着这几个女生。我还有很多教学任务要完成，更不能在这几个学生身上花费那么多的精力。好吧，只需要看学生身上的优点就行了。我发现了其中两个女生虽然很爱表现自己，但是希望自己成绩能好些，上进心较强。一个女生虽然很活跃，但她在物理学习中轻松地就能考到 90 分以上，这说明她学习很有方法。至于第四名同学，自我管理能力不强，大可不管，只需大力表扬其他三个女生，就是对她最大的推动。渐渐地，她们几个看我的眼神变了。她们开始期待老师的表扬，而实际上，她们是因为在意老师的评价才会表现得那么另类。我表扬轩的学习灵活有法，表扬茜的大考绝不掉链子、遇到问题较真不放松的劲头！后来茜的物理从 85 分以下竟然考了100分！悦、岩也都进步了！我在班里也说，好朋友要互相促进，不是彼此拖后腿，朋友的思想决定着你的思想方向，真正的好朋友就是充满着正能量的群体！

在班里，这样的例子比比皆是，他们成长着，也在老师和家长协同一致的教育下改变着，他们一直在与不理想的自己抗争着，这对13岁的孩子来说其实是一件非常艰难和伟大的事情。

学习毕竟是班级工作的重中之重。一个学期每个学生的各科成绩跟踪表和排名曲线图，我坚持着做，坚持着对历次测试成绩进行分析，绝不单看我所教的物理成绩，还要看孩子的其他科成绩。孩子们在分析中审视自己，发现自己的优势和不足。学生对自己有了更多的认识，也就有了更明确的目标和奋斗的信念。

我想，顺应不是不把孩子的"问题"当问题，忽视问题，要突出孩子的亮点，这就是教育。教育绝不能硬来，教育需要感化、潜移默化，需要激励，需要认可、耐心、用心，更需要诚心，教育绝不会"立竿见影"。（于艳芹）

旁 白

他人眼中的于艳芹

谦虚大度认真地工作，得到了同事和同学的一致认可。于老师工作认真负责，对所有学生的成绩和知识点的掌握情况都了如指掌。与人相处的过程中，她为学生着想，为同组同事服务，积极思考教育的内涵并实践。谦虚，爱学习，豁达，不计名利，很有物理老师的风范。

——同事王建华

于老师总是能让我体会到时间的快。一次，于老师要写一道很长很长的力综题，就在这时我的笔掉了，记得很清楚老师刚写题头，但当我拣完笔后的那一瞬间我呆了：半黑板的题已写完，于老师微笑着用一贯的语气问道：你们有这么快吗？我的心肝那叫个颤，没有，绝对没有啊！

——学生张译

您对孩子的爱和温暖都铭记在雅悦和我们心里。真的非常感谢您，于老师。

——学生雅悦家长

自白

于艳芹自画像

自我评价： 自律，责任心极强。

影响最大的书：《教学勇气》。

心目中的好学生： 善于自主学习、总结、分享、交流。

心目中的好老师： 勤学好问，博学多才。协作精神强，富有爱心。教育教学方法灵活多变。有理想有信念有追求。

心目中的好学校： 好学校是让学生喜欢、值得家长和学生自豪的学校，可以促进学生的全面发展。

处理师生关系： 彼此理解和欣赏。可以平和、平等地谈话。

取得成绩的经验： 善于学习、总结、反思、变通。

工作与生活的关系： 相辅相成，只有善于学习了，工作才能有更加长远地发展。工作之余，我喜欢看书和旅行。在阅读中我反思自己、修炼自己。读万卷书，行万里路，人的一生需要学习和开阔自己，实现自己的最大价值。

补白

老于有点儿"愚"

老于：艾谛又睡着了，大家给他加加油。我说"艾谛"，你们齐声说"加油"，
  我说"加油"，你们齐声说"艾谛"。

老于：艾谛。

同学：加油。

老于：加油。

同学：艾谛。

……

老于：今天作业就这几页。

（同学中一阵嘘声）

老于：就这些题，二十分钟就做完。

同学：😰

老于：咱班有人说你在班里乱扔粉笔头。

同学：是么……

老于：你想知道是谁说的吗？

同学：……-_-|||

老于：咱们班的护花使者金欣慧真的是特别有责任心，这么有责任心的孩子
  将来一定是国家的栋梁。

同学：好佩服……

老于：人晓彤从初二时的默默无闻到现在的绝对优秀，是一点一滴积累、较

真、努力换来的。

同学：……-_-|||

今天某同学表现又不好了，然后就被老于找家长了。

5.姜海峰："老姜"不辣也成师

她的课堂教学录像课多次获得国家级一、二等奖；她有40多篇论文获得区、市国家级奖项；她曾荣获"九五""十五""十一五"国家重点课题研究"先进个人"和骨干教师称号、北京市骨干教师、北京市优秀教师称号；她作为朝阳区数学中心组成员，参与编写区《目标检测》、区题库；她所教学生在参加全区抽测及毕业考试中成绩优异。她就是北京市陈经纶中学嘉铭分校（东校区）数学教师姜海峰。

印 象

我眼中的"老姜"

老姜——这是大家给姜海峰的昵称。说句实在话，她似乎天生就是当老师的料：认真、隐忍、坚韧，驾驭课堂自信，专业素养高，真是浑身上下都透着师相。

从教 26 年，她是一名数学教师又是一名班主任。无论是在灵动的课上，还是在和睦的课下，她挚爱着她的每一个学生：关心他们的成长，用真情去培育学生，用自己的行为给他们树立上进的榜样。她也多次被评为师德标兵、优秀班主任及最受学生喜爱的教师。这些来自学生的褒奖也是她最为骄傲的。

老姜自工作以来似乎与高段教学结下了不解之缘，主要担任五、六年级的数学教学工作。她所教科目的学生在参加区抽测及毕业考试中均能取得优异成绩。六年级的全区毕业考试取得平均分 99 分的好成绩。此时的老姜是最幸福的。

老姜有时也会臭美：涂上红指甲，带上别致的小配饰，让我们眼前一亮；就像她有着自己独特的教学风格，绝不固守陈旧，永远充满新意；就像她的课堂永远充满活力，绝不落于俗套，课堂中的老姜也是最美的。

老姜独特的教学风格如磁铁石般吸引着学生，让他们爱学、乐学，以上学为乐。学生们用简单朴实的语言表答"老师我上学这么多年，只有跟您学习的这几年，不累、成绩还高"。也正是基于此，老姜在教师岗位上累并快乐着，无怨无悔地为学生服务着。（王　燕）

"老姜"姜海峰，不辣也成师

曾经看过一本书，它把老师分为四种类型：智慧爱心型、爱心疲劳型、疲劳良心型、良心应付型。姜海峰就是一位充满智慧、充满爱心的老师，她不是简单地用权力、师德去做教育，而是用智慧去做教育，让每一个孩子都绽放精彩。

把蛋糕"按"下去

因为姓姜，所以姜海峰常被学生和同事称为"老姜"。但姜海峰在学生面前，一点也没有"辣"的一面，她总能蹲下身来，静下心来去倾听每一个孩子的心声，用自己的真诚实现师生间的心手相连，给予每一个孩子发展的机会。

今天天气格外晴朗，姜老师微笑着开始了教学："上节课老师给大家留了一道拓展题，想象一下它可以由什么图形旋转而来？"很多孩子高高地举起了手，"老师，让我来。"一个学生更是出人意料地跑到黑板前画了一个大大的双层蛋糕，给大家讲了起来……

这节课学习圆柱的表面积，姜老师早已设计好教学思路，但看着孩子在汇报时画出的这个双层蛋糕，她灵机一动，干脆就从这个孩子们都十分喜爱的蛋糕入手，马上调整了教学思路："大家都喜欢吃蛋糕，蛋糕的外面有一层厚厚的奶油，那这个双层蛋糕上奶油的面积是多少？你们有办法知道吗？"一石激起千层浪，针对这个问题，学生展开了激烈的争论。一名学生站起来自豪地说："老师，我做过蛋糕，它的底面没奶油，要不然奶油都沾在盘子上，就白做了。""奶油的面积就是用两个圆柱侧面的面积，再加上上面小圆和下面大圆的面积。"一个同学立刻补充道。"不对，不对，下层是从大圆中去掉中间小圆的面积，是求圆环的面积。"同学们立刻反驳他。

"说得真好！求奶油的面积就是要用两个圆柱的侧面积再加上小圆和圆环的面

积。"老师兴奋地鼓励着孩子。这临时的教学调整，让孩子们迸发出了思维的火花。正当姜老师要继续往下进行时，一个怯怯的声音传来："老师，还有一个简单方法，圆面积就是一按，就行了。""什么意思？"姜老师好像没听明白，但却在课堂上敏锐地感觉到他一定有想法，于是微笑着说道："能把你说的简单办法再给大家说一遍吗？让老师和同学再认真听一听，好好想一想，也请大家用心倾听他的发言。"老师这么一说，同学们个个竖起耳朵使劲听。孩子看到大家这样，更加谨慎了："老师，我也不知道对不对，就是把蛋糕往下一按，就成了一个大圆。"此时的姜老师已经在再次的聆听中明白了孩子的意思，但却夸张地摇摇头，装作不解地问道："我还是不太明白，你们谁听懂了？"孩子们也在认真倾听后似乎明白了他的意思，个个跃跃欲试，纷纷举手。

"老师，我听明白了，求圆面积时把它想象成空心的，用手往下一按，小圆就和环形结合成一个大圆，不用分别求环形和小圆的面积，只求一个大圆面积就行了。"

"老师，这个办法真好，不管求几层蛋糕的奶油部分面积除了侧面积，其他部分也只是求底层大圆面积就可以了。"……同学们争先恐后地替他解释着，姜老师竖起大拇指由衷地称赞道："你们真棒，不但有一双善于发现的眼睛，更有一对会听、会欣赏的耳朵。大家不仅听懂了别人的发言，还把自己的思考也加进去了，让我们把掌声送给用心思考的他，还有认真倾听的自己。"在大家的掌声中，那个发言的孩子挺起胸自豪地回到了座位上。

快下课了，姜老师特意留了几分钟，让孩子们谈一谈感受，孩子们纷纷起立："这节课我知道了听很重要，我学到了更多的知识，也对同学有了新的认识。""我们不仅要认真听老师讲课，还要认真听同学发言。""倾听和思考同样重要，我们不仅要用耳朵听，更要用心听。"……

这件小小的偶发事件，至今我不能忘怀，如果姜海峰老师当时没有静下心认真倾听孩子的发言，没有让孩子们静下心来耐心地去倾听同学的发言，一个多么好的建立空间观念的机会就会被放走，一个学生，尤其是一个在学习上有困难的孩子享受成功、享受被别人欣赏的机会就会被剥夺。

或许，我们真是要像姜海峰这样，静下心引领孩子们去认真地听、耐心地听、欣赏地听，让每一个孩子都能绽放精彩，感受成功。

以"我"为题

姜海峰注意关注每一个学生，给每一个孩子机会，允许学生在学习生活中犯错误和有失误，让不同的孩子在学习中得到不同的发展。

2015 年，姜老师接了一个班，这个班级孩子情况比较特殊，尤其还有几个多动症的孩子，这些孩子课堂上不是自己玩、自言自语，就是东张西望和同学讲话，影响同学听课，影响老师上课，回家也不写家庭作业，各科成绩都很低，很多老师都怕进这个班上课。姜海峰担任这个班的班主任和数学老师后，在课上、课下十分关注这些孩子，课堂上简单的、容易的题目，她总是请他们来回答，看到哪个孩子的注意力不集中，东张西望开始玩的时候，姜老师不是声色俱厉地去批评、指责他们，而是悄悄地走到他们身边："王××，你今天带零花钱了吗？如果你带来 20 元，叶×× 比你钱数的还多 $\frac{4}{5}$ 10 元，你们俩一共有多少零花钱？你赶快和大家一块儿算算。"原来姜老师急中生智地结合这节课的内容，用不注意听讲的同学和其他同学来编一道小小的数学题目，让大家解决。这个小小的问题，让孩子很兴奋，"老师，您等会，我赶快想想，做做。"班里的同学也很高兴，觉得很有意思。"老师，一会儿您也为我编个题吧。"这样的小故事、小题目，在姜海峰的课堂上经常出现，这些题目的解决不仅提高了孩子们的注意力，也提高了孩子们的学习兴趣。

我也是"老师"

每个人都希望得到别人的尊重，得到别人的赞许。尊重、赞许让每一个学生都有绽放精彩的机会，是让学生走向成功的催化剂。姜海峰就是一位这样的老师，和学生像朋友一样，尤其注意偏爱那些在学习、生活上有困难的学生。

姜海峰是一个十分忙碌的人，她勤奋学习、忘我工作，可就算再忙，她也抽时间给学习出现困难的学生补课，班里有些同学对于数学学习不太自信，心里总是有一种惧怕的感觉，害怕在课上被提问，只要一站起来就紧张得连会的也不会了。了解到这种情况，姜老师在课上开展小组合作学习，课上让学生自己尝试着去解决各种问题，小组成员中不论是谁先解决了问题，就找老师去批阅，先完成题目的同学，就有资格作为小组长去检查、批阅、帮助小组中有困难的同学。同时还要反过来，让有困难的同学再给小组长讲一讲。如果总是同一个人担任小组长，姜老师还会进行调配，换个同学去做小组长。

这样的安排让胆小、没自信的学生，也常常有机会成为学习小组中的小组长，经常去给别的同学讲题，这不仅锻炼了这些同学的胆量，也增强了他们的记忆。

这就是姜海峰，一位有智慧的好老师，她尊重学生的任何一点进步，给予赏识、鼓励，使学生在学习、活动中充满自信，魅力四射，让每一个学生都绽放精彩。（郭树云）

让学生在活动中成长

前苏联教育家苏霍姆林斯基有句名言："只有促进自我教育的教育才是真正的教育。"正如我们平时所说"外因通过内因起作用"，必须把孩子自身的潜能调动起来，才能够激发学生进行自我教育。因此从学生的实际出发，抓住班内、校内各种开展活动的机会，充分调动班内每一个孩子的潜能，让孩子在自主管理中得到锻炼，得到成长。

一、日常工作中采用组长负责制，让学生自主管理

小学生都希望受到老师的赞赏，都希望有表现自己的机会。他们有很强的上进心和自尊心。现在的孩子又特别讲究民主，抓住少年儿童的这些特点，我在班级管理中采用组长负责制。所谓组长负责制就是根据班级中学生的多少，把全班学生分成六个合作小组，每个小组六人，对优秀生、后进生及中等生进行了精心的安排。小组长也是一周的值周班长，负责管理本组日常事务，包括给学习、纪律、卫生、行为打分，一星期小结一次，评选出优秀组员进行公布。同时还要结算出小组总分，和其他几个小组竞选先进小组，这样一来，不仅个人之间进行了竞争，小组之间也展开了竞争。

二、实行干部"轮换制"，让每位同学得到自我教育的机会

以前，很多学生干部，一直由优秀生担任。这种"终身制"，不仅使小干部滋生了优越感、特殊化的不良心理，也压抑了班内很多孩子的积极性、创造性。我在学习小组内推广干部"轮换制"，六个学习小组，每组六名同学，每名同学都担任一周中队长，这样不仅可以使每一个孩子在工作中得到自我教育的机会，增强其在道德修养上的自觉能动性，而且在教育个别生方面也能收到较好的效果。

《教育心理学》一书中说："学生负担一定的社会工作对于道德品质与个性的发展具有重要的意义。""轮换制"能使每个学生都参与集体的管理，承担一定的社会工作。因此对每个学生来说这都很光荣，他们还可以从新干部身上看到自己的不足。新干部一批一批地经受了锻炼，都能较好地完成任务；还没有担任班干部的学生也跃跃欲试，想在未来的任期内大显身手。他们的主人翁责任感增强了，聪明才干得到了充分的发挥，思想道德水平也在不断地自我分析和互相补充中得到了提高。

这样也是学生自我教育的好方法，他们在自我教育的过程中具备了良好的道德情操，这对他们将来的成长起着重要的作用。为了让每个学生都有机会担任班干部，使每个学生都有机会发展管理、领导的能力，我在班中利用学习小组开展了班干部"轮换制"活动。每周由一个学习小组担任班干部，全面负责班级的管理工作，工作一日后要写一篇对班级工作进行观察与思考的日记，对一天中的所见所闻，好人好事，不良行为都要记录，并提出意见或建议。第二天对前一天的事做小结，并针对班级中存在的问题与大家商量解决办法。做到一人管理，人人参与。一段时间下来这不但增强了学生的管理能力，而且还培养了学生的责任感以及集体荣誉感。

让学生自己管理好班级，班主任并非无所事事，而是更需做好班级的指导工作。班主任对没有认真履行职责的组长、班干部给予帮助，指出做得不足的地方，希望他下次能做得更好。这样，孩子既为集体尽职，也受集体约束，逐渐改掉了自己的毛病。

三、班级工作"我支招儿"，充分发挥学生的自主性

要在班级工作中充分发挥学生的自主性，就要鼓励学生主动参与、献计献策。教育家魏书生说："一名好教师，必须永远相信自己的学生，不管多么笨的学生，他们的脑子里其实都埋藏着无穷无尽的潜力。"

班级工作是繁杂的、琐碎的。大到班级建设，小到课桌椅的排放，无一不是一个班级所应关注的。如何在这些大事小事中发挥学生的主体作用呢？我设立了一个"金点子信箱"。每一位同学对班级的工作有自己的想法、建议，都可以写好

投入箱中。每星期班会上，全体同学共同探讨哪一种方法比较科学合理。通过设立"金点子信箱"，学生充分挖掘自己的潜能，发挥了个体的主体作用，增强了自主、自律的意识。

有学者专家指出：教育的重点不是培养个别尖子，而是促进全体学生的整体发展。班主任的工作是一种主动的工作，只要多想办法，多奉献爱心，相信要建立一个团结、向上的班级，并不是一件难事。（姜海峰）

旁 白

他人眼中的姜海峰

跟您学习好玩、不累，成绩还高。

——已毕业学生张云迁

姜老师乐教勤业，刻苦钻研，与时俱进，开拓创新。她认真钻研教材、整合教材、创编教材，课上以优化课堂、对教材的加工与创造为突破口，开展活动教学。优化教学过程，创新教学方式，突出培养学生的创新精神和实践能力，让学生得到尽最大可能的发展。

——同事郭树云

姜老师关注学生的生命质量和价值，重视学生的终身发展。让每一个学生都能以上学为乐，在学校的学习、生活中，各个方面都能得到不同程度的发展。

——家长倪艳菊

自 白

姜海峰自画像

自我评价：性格较为内向，从不张扬，踏实做事，老实做人。

人生格言：爱是最好的教育，而表达爱的最好方法是喜欢、鼓励与赞赏。

影响最大的书：《人生哲理枕边书》。

影响最大的教育家：我国著名的儿童教育家陈鹤琴。

启发最大的两句教育名言：所谓教育，是忘却了在校学的全部内容之后剩下的本领。（爱因斯坦）如果一个孩子生活在批评之中，他就学会了谴责；如果一个孩子生活在敌意之中，他就学会了争斗……如果一个孩子生活在友爱之中，他就学会了这世界是生活的好地方。（诺尔特）

教育教学观：1.在活动中建立和谐的师生关系。2.让学生在活动中成长。3.做智慧型教师，让每个孩子都绽放精彩。

心目中的好老师：1.眼中有人，心中有情，脑中有智，手中有法。2.爱生活，爱读书，爱写作，爱上课。

心目中的好学生：无论在学习还是生活中，努力就好。

心目中的好学校：让学生快乐成长，让教师幸福发展。

处理师生关系：用心沟通，平等对话，把真情送给学生。

取得成绩的经验：认真学习，踏实做事，每天把简单的事情做好了，就会成就自己的事业，取得优秀的成果。

工作与学习的关系：学习无限，发展无限。

补 白

"姜"还是老的辣

现在的语文经常考偏旁部首，尤其是很多作为部首的独体字，很多孩子都记不住，为了让孩子们能够顺利地记住这些独体字的偏旁部首，我让孩子们把新华字典中的所有偏旁部首的独体字画下来，然后根据班级中学生人数的多少，每人平均分配四至五个独体字部首，"你们给自己取个日本名字吧，平时每天就叫这个名字。""有的孩子给自己取名叫一乙二十，有的叫几儿刀力厶，有的叫酉辰豕卤，有的叫黑鼻鼺鼠……"，孩子们在玩笑中记住了自己的、别人的别名，也掌握了这些知识。

一次在进行口算训练的时候，有一部分孩子在正确率和速度方面都不答标，结果我在进行强化训练时，一个孩子站起来幽默地说："老师，您应该只打老虎不拍苍蝇。""那你在哪一类啊？"我也幽默地回敬过去。

调查显示，多数学生认为，一名优秀教师身上应具备的特征依次为：幽默感、责任心、亲和力、人格魅力、专业技能、知识渊博等。其中，幽默感是大多数学生的首选。当"麻辣""潮人""另类"这些词汇越来越多地被用在老师身上时，传统的"严师"形象已逐渐改变。好老师的标准正走向多元化——个性教师，也催生出新型的师生关系，麻辣新潮型教师越来越受学生追捧。

第四辑 麻辣新潮型

1.回扬：大回的带班“兵法”

　　她曾获北京市首届班主任基本功展示活动一等奖及“最具睿智奖”朝阳区
教育系统优秀青年教师等荣誉称号；她多篇教育教学论文获区、市级奖项，多
次指导学生参加区、市、国家级各类英语比赛，获得多个奖项；她所带的教学
班成绩优秀，2015年中考中，她任教的两个毕业班的英语成绩优秀率均达到
100%。她就是北京市陈经纶中学英语学科骨干教师回扬。

印 象

女神"大回"

"大回",是学生们给她起的绰号,也有人叫她"女神"。

在学生看来,她有着"女神"的外表,骨子中却透着"女汉子"的活力。学生一提起她,首先想到的是她灿烂的笑容,总是那么平易近人。可是工作中的她却是一丝不苟,要求严格。在她的课堂上,没有人敢走神和说闲话,因为下一秒就可能被大回点到回答问题;也没有人敢不完成她布置的家庭作业,因为第二天有可能就会成为"幸运儿",为同学们讲解作业的思路。但是,她的课堂绝对是笑声不断且有滋有味的,她的作业绝对是所有学科中用时最少的。

大回对待工作的态度,一直是追求完美。比如她所任教的两个班,接手的时候就存在着不小的差距,这样使得她的教学工作存在一定的难度。她铆着劲儿地找原因,想策略,最终不但缩短了差距,还使得两个班的优秀率均达到100%。

她的脑子就像是一台机器,总会搜罗一堆有效信息,加工整理后,推陈出新。

最让大家印象深刻的是她上课经常带着扩音器。因为用嗓过度,她一直都被声音嘶哑困扰。但是为了让学生清晰地听到她的授课,她常年将扩音器带在身边。有时讲到兴奋之时,她一提高分贝,便成了名副其实的噪音源。

她经常说的一句话是:"做学问前,要先学会做人。"从她的身上,你会感受到"女神"的"严中有爱"以及"不离不弃"。(墨竹三班的学生)

故事

大回的"兵法"

大回一进入工作状态，大脑就似一套"宝典"，里面有千奇百怪的教育教学"兵法"。每次遇到问题，她总能从中搜罗出一些"金点子"，使问题顺利解决。

大回去"家访"

在我的印象中，家访应该是父辈上学读书时，老师会做的事情。当今，手机、网络缩短了彼此的距离，很少再听到教师家访，可对于紧跟社会潮流的大回而言，"家访"也成为她教育工作中的一次"饕餮盛宴"。

2012 年初，大家正为中考体育加试紧锣密鼓地进行着训练。我们班周同学却渐渐淡出了大家的视线。起初，别人跑，他走；再到后来，他就以身体不适为由，不参与训练。两天后，他请了病假。大回在与他的家长沟通联系后得知，周同学觉得训练太辛苦，复习太紧张，不想逼迫自己，于是决定在家休息。家长苦口婆心地劝说也无济于事。眼看中考的时间临近，这样下去，他不但耽误了体育考试，就连学科学习也会受到很大的影响，于是大回决定和他进行正面沟通。那天放学后，她按照地址找到他家，周同学见到大回后很吃惊。见面后，大回怕他尴尬，并没有提体育训练和中考的事情，而是装作毫不知情地询问了他的身体状况，表达了同学们对他的想念和祝福。临走时，大回留下一句话："孩子，我期待明天能够见到你。"第二天，周同学果真如约而至。

但是，他在坚持了一周后，又请假了。这一次，周同学拒绝和家长交流，反而将自己关在房间里。他要求父母定期将学校的复习资料取回，声称自己要在家中复习中考。大回得知后，决定采取"迂回强攻"的方式进行第二次家访。大回赶在他从房间里出来活动的间歇进了门，他望见大回，有些慌张。大回赶紧拿出刚买的冰激凌，笑着说："这大热天，我来陪你降降温。"然后便"命令"孩子的父母离开房间。这次大回开门见山地了解情况，语重心长地说出自己的看法，并指出周同学学习上的优势，鼓励他克服目前的困难，告诫他不要因与父母赌气，耽误自己的前程。整个谈话过程中，大回没有对他提过多要求，除了"坚持上学"一件事。因为大回坚信，只要周同学出现在班级，她就可以用集体的力量"挽救"他，否则他可能会永远"封闭"自己。他们的交流一直持续到天黑，离开周同学的家，大回私下又和他的家长进行了沟通。在相互的配合下，孩子最终自信地走进了中考考场，考出了优异的成绩。大回常说："当学生出现问题时，班主任怎么可以袖手旁观？学生不是'神'，而是'人'。在'人'的教育中，理解、包容、沟通哪一样都不能少，至于教育手段嘛，哪招管用，用哪招！"

大回做"神探"

每个当过班主任的人都知道，管理班级时最棘手的问题莫过于班内丢失财物。若处理不当，就会遗留很多问题，如：同学间的不信任，班集体的不稳定，甚至会伤害到个别学生。可是大回当"神探"，却收到了意想不到的效果。

那是一个早自习，教室里很安静。当大回走进教室，同学们便开始互递眼神，都在猜测她的态度。只见大回缓缓地走向讲台，从身后拿出一个鞋盒，说："这个鞋盒是我为某位同学而准备的。我知道这位同学昨天只是好奇，想借手机玩一玩，又不好意思当面归还，所以今天我借助它的帮助，请这位同学速将手机悄悄归还此处，免得失主着急。"此番话一出，大家就像吃了一颗定心丸，开始了新一天的学习。

前一天下午，大回外出进修，而后她接到了年级组长的电话，说班级有人丢失手机，但班长寻找未果。失主陈同学坚定地认为手机是被自己人拿走的，因为她已承认自己违反校规，公然在教室的角落充电。大回很了解自己的班级，平时遇到收缴饭费等情况，从未有过丢钱的现象。反之，总是有无人认领的余额。大回考虑再三，坚信地认为这个拿走手机的孩子，绝不是"偷"。他应该是对这款新型手机好奇，打算拿去玩一玩，再送回去。没想到失主报案，碍于面子，不敢在全班面前拿出来。

那天晚上，大回辗转反侧。她既想破案，又想保护"那个特殊的孩子"，于是她就想到了鞋盒。她在鞋盒的表面裁出一个手机大小的开口，精心布置着这个鞋盒，希望它能起作用。一整天的时间很快就过去了。放学后，当所有人都离开了教室，她赶忙跑到鞋盒旁。当她把手伸进鞋盒时，她笑了，手机回来了！

送走初三，迎来新生，类似这样的事情再次发生。一天放学后，在教师办公室里，有人悄悄拿走了何老师在充电的手机。大回又一次开始了侦破案件的工作。"怎么办？""胆子好大。"老师们七嘴八舌地议论着。大回拨通了那个丢失的手机，但无人接听。大回便开始给那个手机发短信："亲爱的孩子，我知道你拿走手机并非恶意。你还有很长的人生路要走，千万不要因为一时贪念，给你的人生留下遗憾。明天早上，你把这个手机放在教学楼一层的窗台上，然后用这个手机发信息给我。我去取！"就在事发的第二天早上，大回的手机收到一条信息："手机已放在指定地点！"

大回的破案能力得到了老师们的肯定，当问到她秘诀时，她笑着说："哪有什么秘诀？首先要相信这个阶段的学生没有那么'恶'，只是行为习惯需要规范。如果我们真的把他们定义为'偷盗'，或许就真的毁了他们的一生。他们暂时偏离了人生的轨道，拉一把，就回来了！"但有的老师不理解，这样处理，怎么教育"偷盗者"不再犯错呢？大回说："既然'偷盗者'能物归原主，说明进行了自我教育，这已足够。"事实上，接下来的三年中，没有再次发生过类似事件。大回就是这样"神"，润物细无声地教育着每个学生。

其实，大回的角色扮演并不单一，她总能根据班级需要寻找到她的位置。

大回当"指挥"

又是一个难忘的初夏，学校要组织一次歌咏比赛。消息传出，大家摩拳擦掌，跃跃欲试。大回和我们一样兴奋，申请要参加我们的合唱比赛，大家异口同声地说："准了！"

两周的时间里，我们利用午休和放学的时间积极紧张地排练。大回是逢练必到！排练的过程中，我们遇到很多实际的困难。比如：分声部演唱时，同学们对音调把握不准；演唱过程中，同学们的表情过于严肃。大回就站在高高的板凳上，当起了指挥，还时不时给我们鼓励助威。虽然我们练得很辛苦，但是看到大回充满激情的状态，我们都被感染了。可是，就在比赛的前两天，班级的合唱指挥田同学意外摔伤，肩部骨裂。大家听到这个噩耗后，就像泄了气的皮球。可是大回却淡定地站出来说："大家别急，我愿意主动担任这个合唱指挥。虽然我的经验不足，但是我可以利用这两天向音乐老师学习请教，尽力完成任务。"就这样，大回开始拼命地训练。比赛那天，我们班出色地完成了合唱，拿到了"最具潜力奖"。当大回手捧着奖状站在讲台时，全班同学报以热烈的掌声。我们每个人都知道这掌声不仅是鼓励全班同学的辛苦付出，更是对大回成为一名"合唱指挥"的肯定。

大回的特长不仅发挥在班级教育工作上，在教学方面也游刃有余。

大回的"快乐英语课"

每一届的学生都会经历大回特有的英语课前"魔鬼训练"。大回的想法很新鲜，时常变化训练要求。如：她要求班级每一名同学在英语课前展示一个英语才艺，或是分组进行英文短剧表演，或是用英文介绍歌曲、动漫等。她用各种形式吸引着我们学习。记得在一次英语报刊欣赏课上，我们阅读了几篇经典文章。正当我们听得津津有味时，她突发奇想，说道："我们来一次演讲比赛如何？内容是选取一篇今天的经典文章，下周英语课前进行。同学们做评委，我来负责设计比赛规则和评分标准，并兼职录像师。"就这样，在她的带动下，轰轰烈烈的比赛拉开了序幕。起初大家都很紧张，经过几轮训练下来，我们的胆子越练越大。为了一次次新颖的活动，大家课下做足了功课，查找资料，润色文稿，团队合作也日渐成熟。当然，我们的英语水平在逐步地提高，从不敢张嘴到大声地说出一口流利标准的英文，我们平添了自信。大回的电脑里存储着历届学生们的作品和视频。每次她都会分类编辑，做成"成果档案集"。

大回就是这样一个很"随性"的人，课堂给了她无数的灵感，她用这些灵感来成就学生们的进步和快乐。后来，有人称她为"女神"。看看她的这些角色，这些担当，这些故事，你们说她神不神？　（红袖子整理）

观 点

"家"和万事兴

任班主任时，我一直思考着如何将班集体打造成为一个温馨、和谐、有家一样氛围的生态环境。当今的社会瞬息万变，对初中不同年龄段的学生而言，恰切的教育切入点和适当的教育契机是教育成功的关键。

班级"家"文化之"家装篇"

家是充满生机和活力的地方。绿植是我"家装"的第一步。班级的几盆绿萝是我送给学生们的。我告诉他们绿萝生命力顽强，即使没有阳光的照射，也会独立生长，且枝繁叶茂。同时，绿色象征着希望，我希望他们能够在这种绿色精神的陪伴下茁壮成长。渐渐地，在我们班的书架上、窗台上出现了更多的"绿色精灵"，这些精灵在我们的"家"中生根发芽。

这个年龄阶段的孩子们正处于塑造人性以及行为规范的关键阶段。我常利用英语学科的优势，借鉴西方学校的一些励志做法，将行为准则和色彩进行搭配来装饰我们的"家"。在彩色纸张上印制了名人名言和行为培养的启示语，再将之做成墙报。我不但为他们讲解这些墙报文化的含义，而且让他们反复诵读。在这个多彩的空间里，孩子们不仅能够感受到明快的视觉冲击，还能学习做人的道理，增长英语知识。很多同学将墙报的内容作为自己的座右铭，时刻鞭策自己。

班级"家"文化之"家长篇"

要将班集体建设成为和谐家庭，根本的前提是建立起良好的师生关系。班主任要成为孩子们喜欢的大家长，这样才能在和谐的集体中施展教育魔力，取得事半功倍的效果。

我常组织班级进行科体艺等方面的活动，每次我都参与其中。在活动的组织和交流中，我很快地了解到孩子们的家庭背景、爱好特长、性格特点、优势和不足。我站在他们的角度考虑问题，也试着了解他们的兴趣点。这些都会缩短我们之间的距离，减少隔阂。有时，我的批评中没有半点训斥，他们都会不好意思地低下头。有了师生的和谐相处，教育才有了生命力。

2014 年的教师节，我收到了孩子们写给我的信。他们在信中写道："面对中考的压力，因为在三班这个温暖的家中，努力并不压抑，奋斗但不惧怕，有您和兄弟姐妹的陪伴，困难面前一起扛。"看到他们对我的依赖，我备感欣慰。

班级"家"文化之"家教篇"

学校的每一次重要活动，都会成为我在班集进行教育的有利支撑点。我常从杂志书籍中选取故事，利用公益广告、励志节目来引导和教育我的学生们。有一次，学校组织义卖活动。活动前，我让孩子们观看了网络视频"郑棒棒的故事"。看后，学生们受到很大的启发，认识到传递正能量的效应是巨大的，于是便积极地准备这场义卖活动。最终，我们班以义卖产品最多、数额最大获得了成功。

班级曾转来一名外地借读生，个子不高，操着一口方言。初来北京，种种的不适应，让他沉默寡言，我发现班级中很多孩子与他保持着距离。为此，我开展了一个以"尊重"为题的班会。班会前，我私下找到了这个孩子，让他把自己的情况以及与同学之间发生的困惑写下来。班会上，他真实的告白让很多同学理解和感动。班会过后，他的身边多了很多友善的笑容，他也很快融入了这个"大家庭"。同学们因此更加懂得了彼此尊重。

初三伊始，学校更换了语文老师。对于新老师的"严格要求"，班级出现了一些消极的声音。我深入群众中，了解问题的症结；然后召开班会，真诚直面孩子们的质疑，引导他们正确积极地寻找解决问题的途径。同时，我征集建议，亲自与语文老师沟通。这种消极舆论很快在班内消失。其实积极疏引学生的消极想法，教会学生明辨是非，要比简单的禁止和打压更利于班集体的发展。

家和万事兴，当所有的孩子在和谐的班集体中找到"安全感""归属感""认同感"时，他们就会进步和发展。（回　扬）

旁 白

学生、同事、家长眼中的回杨

因为声带小结，回杨说话的声音有些沙哑，她总说自己的声音不好听，但在同事和学生听来，这样的声音才是"中国好声音"，因为她在用"心"说话。

——同事关宇

您与我们相处的两年，给我们留下的是万花筒般变幻无穷的记忆，尊重，珍惜，学习。您不仅是我的老师，还是我最好的朋友，这句话，一点儿也不假。

——学生孟雅珊

为学生撒播教育之光，为家长解决燃眉之急，致敬回老师！

——学生王博家长

自白

回杨自画像

自我评价：平易近人，开朗热情，生活中是一个相对"粗线条"的人。对待工作，细致有加，有时过于追求完美。

人生格言：永远面朝阳光，阴影就会被甩在后面。

心目中的好老师：好老师没有固定的模式，能够走进学生心里，用德行和学识教育影响学生，让他们从中受益的老师就是好老师。

心目中的好学生：品德为先应该是好学生的标准。

心目中的好学校：能为学生和教师的终身发展搭建广阔的平台。

处理师生关系：教师应该用真诚与爱心呵护一个孩子，用耐心和宽容见证他们的改变。

影响最大的书：《给教师的建议》。

影响最大的教育家：苏霍姆林斯基。

启发最大的教育名言：每一位教师不仅是教书者，而且是教育者。由于教师和学生集体在精神上的一致性，教学过程不是单单归结为传授知识，而是表现为多方面的关系。共同的智力的、道德的、审美的、社会和政治的兴趣把我们教师中的每一个人都跟学生结合在一起。（苏霍姆林斯基）

教育教学观：抓住课堂的主阵地，尽可能地提高课堂的实效性。

怎样战胜挫折和困难：做最坏的打算，做最积极的准备。

取得成绩的经验：关注平时教育教学的点滴，不断地总结、学习、改进，并能再次服务于学生。

工作与生活的关系：工作是生活的一部分。认真工作，才能幸福生活。

补 白

大回"糗事"

一提到大回的"糗事"，就记起初三中考复习的那段日子。每天的课程都排得满满的，有时她的英语课经常是上下午都有。她每次总会在课前进行常规的"开场白"。尤其是在入夏那些个烈日炎炎的下午，她更是想利用课前的"问候"来驱散我们的睡意，调动我们的情绪。每次她都会用犀利的眼神环扫教室一遍后，挺直腰板，略微严肃地提高自己的分贝，喊出一声"Good morning, boys and girls"，当时教室便笑声一片。她惊愕地张开了嘴巴，意识到自己犯下的"口误"，然后立刻改口"Good afternoon, boys and girls"。问题是，改正错误才是好同志嘛，可是她在这个问题上屡错屡犯，再到后来，我们对她的"口误"就习以为常了，也不笑了，而她依旧严肃地沉浸在"开场白"中。

回老师：就两道题，你们还写这么慢？

同学们：老师，你留了五道题啊！

回老师：哦哦哦，你们语文比我好。

同学：内个是数学！

回老师："……"

回老师：来来来，我留一下今天的家庭作业！

同学：老师，上午留过了。

回老师：是吗？不可能啊！你们不要欺骗我。

同学：老师，实话啊！

门推开了，邻班课代表走进来，说："回老师，我们班的英语作业是什么呀？"

回老师：……

2.王小平："小霸王"的带毕业班秘笈

　　工作十三年，带了八年高三毕业班，不仅深受同学和家长喜爱，而且教育
教学效果突出，所教班级高考成绩稳居学校第一；她是朝阳区的骨干教师，朝
阳区"阳光杯"优秀班主任；她的多篇论文获得区、市级奖项，多篇文章在一
级刊物上发表；她就是北京市陈经伦中学的数学教师王小平。

印 象

小平儿 & "小霸王"

　　王小平是一位行动派老师。她一直坚持以"用行动来表达自己，用成绩来证明自己"为指导原则，怀着对教育事业和学生的热爱之心，努力扮演好四个角色：一是作为严师，为学生传道授业解惑；二是像引路人一样，帮助学生树立正确的人生观和价值观；三是像朋友一样理解、支持学生；四是像慈母一样关心、疼爱学生。这样雷厉风行的工作作风，让她赢得了领导的信任、学生的尊敬和爱戴、学生家长的寄托和感谢。所以家长称她为小平老师，因为她单纯、善良；学生称她为平姐或小平儿，因为她爽快、善解人意，偶尔偷偷叫她"小霸王"，因为她在原则问题上霸气十足，绝没有商量的余地！

　　王小平也是一位责任感爆棚的老师。她坚持在学习、生活和工作中时时发挥党员的先锋模范带头作用，处处以大局为重，加强团结，踏实工作，不计较个人得失，牺牲了大量休息时间，无怨无悔地默默奉献。

　　王小平还是一个超级认真的人。作为数学老师，严谨是她的"职业病"。上课就不用多说了，王老师好像就是有这种特殊的技能，可以将复杂的题一下子变成无数简单题的集合。对待班级工作更是认真，从板报到校内校外各种活动，每一次，王老师都会带领我们用心去完成。

　　王小平更是充满正能量的人。她很有亲和力、很走心，平时在工作的时候一丝不苟，不会放弃任何一个学生。在你犯错误的时候会严厉地批评你，让你发自内心地觉得自己做错了，但是当你遇到瓶颈的时候，她却毫不吝啬鼓励的话语。"她很细心，对每个学生了如指掌，甚至有的时候可以看出你的心事，开导你。总之，小平真的是我遇到的很难得的老师，她的责任心，她信奉努力的重要性，她的走心给了我很多正面的影响。"一位学生回忆起来如数家珍。

　　学生还说，很少见到严谨却不那么严厉的老师，王老师就是其中之一。"作为当年我们班的班主任，王老师不知道和我们班的同学谈过多少次话。走进办公室坐在她的办公桌旁边，你会发现面对的就是一个愿意耐心聆听并且能给出可行性建议的知心朋友。她从来不会用高高在上的姿态来发号施令，而是细致入微地体会你的心情，设身处地为同学们着想。"

这就是王小平，有时小平儿，有时"小霸王"。（红袖子整理）

故　事

"学生让我慢慢成长起来"

2005 年，王小平工作的第三个年头，班上的一个大男孩"恋爱"了，小平百般阻挠，坚决要将男孩的恋爱倾向扼杀在摇篮里。有一天男孩告诉小平老师说："老师，其实我不是喜欢那个女孩，只是看到她没有朋友，觉得她特别可怜，想照顾她。"男孩心中那份爱让小平懂得：多关注那些朋友少的学生，班集体中充满温暖与关爱时，那种懵懂的爱情其实就是纯真的友情。

这件事对王小平影响很大，从此，她总是在与学生共处的过程中感受到：教学相长不是一句空话。

跟学生较劲"其乐无穷"

在日常班级管理中，老师和学生打持久战是常有的事儿，明确原则、标准和目标，找准抓手，和学生慢慢磨合，学生终将在小平老师的"较劲儿"中"败下阵来"。比如，杨同学是个手机控，王小平老师决定帮助杨同学改掉这个毛病。第一步，首先给予孩子提示和教育；然后态度坚决地没收手机，再耐心地做学生工作，使之逐步认识自己的错误，主动要求写保证书。第二步，当再发生此类问题时，与孩子单独沟通，反复强调，指出问题的严重性，达成共识。第三步，加强与家长交流，做通工作，提出几种可选方案。小平在坚持中逐步建立了学生本人主动控制，学校严格管理，家长积极支持的格局。杨同学逐步摆脱了对手机的依赖，学习状态逐步改善，期末成绩进入年级前 50 名。

在教学过程中，小平对"检测本的梳理和改错"也很较劲儿。班级中，每位同学都有自己的数学检测本，本子上都要结合实例来写自己经常忽略的知识点、对一些思想方法的理解、特别重要但又掌握不好的习题的解题步骤。对这些内容，小平会在班级里进行统一"听写"，全批全改后，在班级中讲解同学们理解不透彻的知识点和方法，之后小平会特别较劲地进行"面批"，课堂的答疑环节、课间、自习课、午休，随时可见小平和学生共同讨论的情景，他们讨论得津津有味，学生也一改再改，乐此不疲。小平看到自己的学生对数学的兴趣越来越浓厚，对数学知识和方法真正理解并不断进步时，也乐在其中，还颇有成就感。

对于小平的"较劲儿"，班里的团支书这样说："小平老师是一个十分坚韧的人。高中拼搏三年的时光并不一帆风顺，其间也遇到过各种波折。但无论遇到什么艰难险阻，小平老师永远能找到积极的应对方法，化险为夷。三年里，我也亲眼见证了我们班是如何脚踏实地，在学习、活动、凝聚力等各方面一步步前进，变得越来越优秀的。而这一切的蜕变，都归功于王老师的强大的内心和能力。"

爱，需要智慧

小平一直认为：生命的茁壮，属于学无止境者，教会学生自强不息，就等于给了他们生命的茁壮和饱满。这里的"学无止境"不只是学业上的不断进取和突破，更重要的是提升生活能力和团队合作能力。

小林同学，患病后留下后遗症，行动不方便，在参加集体活动时，总是很纠结。小平愿意让班级的44名学生都茁壮成长，小林是不可缺少的一分子。恰好学校组织了"社会实践红旗渠之旅"，活动之前，犹豫不决的小林和小平交流了很久，小平很心疼孩子，活动中将班级的同学划分成10个小组，每组有4人，指定了组长，明确帮助小林的具体事项，组长把工作布置得合理有序。登山时，小林同学的腿不停地发抖，后背三层衣服全湿透了，但她依然面带微笑，咬牙坚持，登上山峰的那一刻，全班44人紧紧拥抱在一起！这次活动中，学生们共同付出，一起努力，营造了友爱、快乐、收获的氛围，小林也在用实际行动传递正能量的同时，感受到了大家庭的温暖。教育工作是"用心"的工作，对"特殊学生"的教育要特别注重培养学生的自信心，让孩子体验到挑战的快乐，让他们在集体中感受到自己的价值是巨大的，认识到自己需要团队、团队也需要自己！

爱是教育的基础，教育效果往往取决于师生关系的融洽，只有在师爱生、生爱师的前提下，教师运用好各种教育手段，才能收获爱的果实。只有以诚相待，细致工作，用挚爱启迪学生的智慧，才能收到事半功倍的效果。作为教师，我们不能选择我们的学生，就如同我们不同选择自己的孩子一样。当学生有些特殊情况时，那么教师就一定要用特殊的爱去温暖他们，去关心他们。

和学生在一起，很幸福

一位教育家说得好：没爱就没有教育。小平老师经常和学生打成一片，做他们的贴心朋友，和他们一起谈心、聊天、做游戏，了解他们的一举一动和微妙的心理变化，以真情打动学生，倾听他们内心的声音，帮助他们解决一个又一个的难题。

2014年，王小平带直升班，班级中一位女孩子与父母关系异常紧张，甚至一度产生轻生的念头。作为班主任，小平多次与这位同学促膝长谈，以朋友的身份帮她度过心理难关，记不清有多少次，她们一起散步，一起用餐，一起流泪，最终小平赢得了她的认可，走进了她的内心世界。同时，小平积极与家长沟通和联系，多方面、多渠道、多方式地做家长工作，向他们解释孩子的状态，说明孩子的内心，指明孩子的渴求。经过不懈的努力，家长开始意识到自己的问题，开始主动关心、陪伴孩子，家庭关系明显缓解，孩子的状态也趋于稳定。但临近高考，家庭关系再次恶化，孩子无心学习，精神上高度紧张，在校很少与同学交流，回家大哭大闹，出现了抑郁的症状。考虑到孩子的特殊情况，本着对孩子负责的原则，在征得家长同意后，小平将孩子接到家里，像朋友一样共同生活、学习了一个月。那段时间，她白天面对全体学生，完成教学和班主任工作，晚上回到家除了照顾自己七岁的儿子外，还会再给这位孩子辅导一小时功课，以便增强她参加高考的信心。高考前孩子的状态稳定，在高考中取得了较好的成绩，考上了心目中理想的大学。

小平还特别愿意和学生一起搞活动，哪怕是在假期。2013年，小平带着学生承接了"关注新困境儿童"志愿活动，参加北京市翱翔计划（数学）阵营冬令营，与北京市翱翔正式学员进行了"多米诺骨牌大赛"。学生喜欢这样的活动，这让他们在课本之外学到了更多知识，小平喜欢和学生在一起，他们让小平越来越年轻，越来越有活力，越来越有人格魅力。（红袖子整理）

观 点

带毕业班秘笈

其实，高三那点事儿，每届都不同，每届又都相同，说到底，我认为就是以人为本，根据学生特点促发展。

秘笈1：实施个性化管理、分层教学

坚持新课标理念的指导，落实学校提出的"因材施教、科学施教、快乐施教"的原则，深入研究《考试说明》，分析确定教学重点和方向，摸索出一套符合学生特点的课堂教学模式和课后辅导方式，做到注重学生差异，实施个性化管理、分层教学。实际操作：一是做细四个分析。分析时间，利用好三个时间，以两周为一个周期进行定期考量；分析人员，根据学生特点提高教学的针对性；分析任务，采取菜单式任务，查漏补缺，一目了然，持续跟进，定期反馈；分析实效，重点抓能够进入全区前200名的潜力较大学生和徘徊在一本线上下的不确定性较大的学生，做到班级整体进步与边缘突破相结合。二是明确四个定位。引导和帮助学生树立：是我们的，必须得到；剩下的，努力争取不强求；稳中求进，发挥特长，实现总分最大化；积极乐观，抱持戒骄戒躁的态度。三是落实四项措施。坚持就事论事，干净利落，照顾学生感受；明确目标，量化管理，与学生共同努力；怕与不怕，合理调整；掌控节奏，人文关怀。正是这样的"实做"，我的教学成绩自然而然会优秀。

秘笈2：随时随地与学生进行"心理换位"

我们常说班主任应是学生的良师益友，但良师易做，益友难当。班主任不仅要传道授业，还应像朋友一样善于倾听学生的心声，了解他们的内心世界，随时随地与学生进行"心理换位"。只有想其所想，晓之以理，导之以行，才能真正成

为孩子们学习生活中的益友。

学生易在一次大考中成绩不理想，很沮丧。我和易同学谈到：第一，老师认为你是一个全面的人，因为你做到了不仅关心知识，而且还能关心他人，体会老师的辛苦，感恩老师，你是一个高尚的人！第二，一个全面的人，要学会认识自己的潜力，其实很多时候，我们学知识不仅仅是为了考试成绩，而是要发现知识在生活中的奇妙作用。美国著名教育学家诺丁斯认为教育没有什么最后的产品——没有什么人接受教育后成为完美的人，但是教育会培养出那些向我们展示进步和成长的人，而只有坚持不懈才会具有这种进步和成长的张力，去追求和实现一生的幸福。第三，学习是有"内在连续性"的，课堂上，学生只是机械地去完成老师给的一道道指令，没有经过自己的思考和筹划，那这些行动只是一个个硬生生插入你脑中的段片，不能相互联接，发挥作用。所以，我和易同学商量，在日后的学习过程中，不妨"停停，看看，听听，想想"，逐渐摸索出自己的一套学习方法。谈心之后的日子，易同学的日常学习和生活没有很明显的变化，但我能感受到她的心绪很宁静，做事也踏实了很多。我坚信易同学有一颗强大的内心，老师的信任与鼓励让易同学比以前更快乐、更自信了。

秘笈3：抓问题关键，大力提升学生综合素质

一个充满朝气、勤奋上进、团结互助的优秀集体，绝对也是学业成绩优异的集体。我所带的班级很多是在高三才接手，常会面临着很多意想不到的问题，我会根据班级情况，有条不紊地做好以下工作。

首先，在实操上，用好"六五四三"工具，做到熟悉学生，深入思考。

一是要挖掘六个要素，做到了解学生、理解学生。包括：学生基本情况、作息时间安排、个人目标规划（对高三的认识、强弱科情况、打算怎么做）、与老师相处情况、与父母沟通情况、对班级建设的意见和建议。

二是用好五个抓手，做到有的放矢，避免做无用功。对前述挖掘的六个要求进行总结、提炼、分析，在此基础上，清楚地认识到班级的优势和劣势，在班干部任命、课代表选择、班级工作开展及注意事项、阶段目标制定、整体打造落脚点等方面采取针对性措施。

三是坚持四个剖析，提高教学针对性，促进学生主动学习。按照教师重点分析与学生深刻自省相结合的基本原则，灵活采取班会管理、师生座谈、单独交流、家校联系等方式，让学生逐个剖析以下四个关键点：自己在学习上用了几成劲？对自己重要考试成绩是否满意？最近学业上的节奏和强度是否能接受？需要老师在哪些方面进行帮助？

四是把握三个关键点，因人施教，务求实效。第一，深入把握学生情感特点，分层分类管理，明确加压还是减压，鼓励还是指导，放手还是督促；第二，充分把握好集体与个体的关系，做到班级整体思想工作和个别交流的合理分配；第三，切实把握科学任务量，做好学科任务量的调节与优化，避免过犹不及。在此基础上，分工合作，统筹安排，以三个"各"求实效。一是各就各位：发挥班主任的核心作用，引领带动，创造良好的教育教学氛围。二是各尽所能：发挥科任老师的优点，分工协作，多管齐下，形成合力。三是各个击破：发挥学生的主观能动性，鼓励引导，主动进攻，补齐短板。多管齐下，发挥个体和集体的双重优势。

我班上的学生，高三一年后总是能"满载而归"，总会特别有经纶情怀，总会成为经纶的骄傲。（王小平）

旁白

他人眼中的王小平

她是活泼的，原本枯燥的数学，由她讲授，40 分钟的数学课飞快地就过去了。她是认真的，晚上的办公室空空荡荡，常常只有她一个老师，和几个问问题的学生。这就是她——王小平老师，她是学生的良师，也是学生的益友，更是我们学习的榜样。

——同事王东

小平老师的教学质量很高。她的语速不快，也从不吝惜课堂时间让我们做练习，但总是可以神奇地赶出一章的进度。

——学生张亮

孩子常常说：我们今天考完试，王老师当天晚上试卷就判完了，并且还对我们的试卷作了详细的分析。一晚上能判两个班六十个同学的卷子，我想真诚地对王老师说："谢谢您对孩子的付出，您辛苦了！"

——学生邢晓童家长

自白

王小平自画像

自我评价： 善良、单纯、直接、责任心强。

影响最大的教育家： 前苏联伟大教育家苏霍姆林斯基。

启发最大的教育名言： 教育之不能没有爱，犹如池塘之不能没有水。没有爱就没有教育。（夏丏尊）培养教育人和种花木一样，首先认识花木的特点，区别不同情况给予施肥、浇水、培养、教育，这叫"因材施教"。（陶行知）

教育教学理念： 教师不仅要教给学生知识，更重要的是教会学生如何思考，如何学习，如何做人。

心目中的好老师： 站在讲台上，教授知识；走下讲台，与学生做朋友。

心目中的好学生： 品格好、真诚、勤奋。

心目中的好学校： 有长远规划，干部素养好，重视教师专业发展，重视学生的全面发展，人际关系和谐。

处理师生关系： 老师对学生多真诚，学生就多爱老师，甚至更真诚。

怎样战胜挫折和困难： 我始终相信：走好脚下的路，我们生命中的每一天都会很精彩。人生，越努力越幸运。

工作与学习的关系： 不断学习，不断提升自己，才能更高效地工作，工作才会更出色。

补 白

与小平儿私聊

课堂上，老师宣布下节课要测验。有同学举手问难不难，小平老师只说了一句："十分简单。"乐得大家拍手叫好，可是试卷发下来，一大半同学都傻眼了，考得惨不忍睹，怎么会简单呢？小平老师说："我的意思是，有10分简单，剩下的90分很难！"

小平老师上课有个习惯，讲完难题之后，总是问固定的几个同学是不是听懂了，他们一直以为老师很喜欢自己。毕业聚会时，其中一个同学问："老师，您上课的时候为什么老问我们几个是不是听懂了？"小平老师说："如果你们几个听懂了，那其他同学就应该都能听懂了。"

一天，一、二节课与三、四节课交接时，另一个班的同学在门外大吵大嚷，等着我们下课。小平老师走到门前，告诉他们不要吵，然后回来很郑重地说："这就相当于我们在吃饭，旁边站了一群人来赶我们走。"

3.王帅：以"帅"为师，为"歌"

他是"经纶之声"金帆合唱团创建人，金帆合唱团艺术总监；他曾荣获教育部全国第三届中小学音乐教师专业基本功五项全能比赛（声乐、钢琴、舞蹈、即兴伴奏、音乐素养）一等奖；他被北京市人民政府、北京市委授予北京市"优秀青年知识分子"的称号，享受国务院政府津贴；他兼任中国高校合唱委员会指挥部副主任、朝阳区教育学会中小学音乐教育研究分会理事等职；他负责的陈经纶中学金帆合唱团荣获全国第四届中小学生艺术展演高中组合唱一等奖，荣获香港、匈牙利、捷克等多项国际合唱比赛的金奖共13项，陈经纶中学金帆合唱团被欧洲合唱联盟授予"世界杰出青年合唱团"称号。他就是北京市陈经纶中学高中部音乐教师王帅。

印 象

帅"歌"王帅

在阅读以下文字之前，先来做个解释：在我们合唱团里，是没有"老师"这个称呼的——如果开始叫"老师"，那是因为还是外人。所以他不被称为"王老师"，而是一个单字"帅"。

他开朗风趣，认真严谨又充满爱心和正能量。

说他风趣幽默主要是因为合唱团的排练其实都是技术性的内容更多，需要反复进行练习，如果在讲授方法上不注意，就极易让学生觉得单调枯燥。为了让学生接受起来更有兴趣，就需要——结合很多生活实际来进行发声练习训练。所以时常发生场景如下——

"……刚才那个'u'母音发得不好，我得想个辙，"他一边说一边用手在头顶部做了一个提拉的动作，似乎就这样一个简单动作便把音集中到了头腔，"现在把上口盖打开，学小猫叫说'喵'，然后转成'u'，就像'喵呜'这样，懂？来大家试一次。一二三走……"

"喵呜——u"（音乐教室里瞬间觉得多了一群小猫）

说他认真则是因为他对排练中出现的问题毫不留情，而且为了让学生加深对排练中问题的记忆也煞费苦心——他一般用极富个人特色的语言来提醒大家，举个例子——

问题大意：某声部有特殊音时其他声部要懂得收敛配合，突出此音。

他的表达："你们这个声部……简直就是'一人一把号，各吹各的调，吹起来像驴叫！'Tenor 有个升 fa，Bass 让了没？……见到升号要吸着唱！"

课上他是严格要求学生的老师，课下是能够跟学生推心置腹聊天的朋友，用毕业学长的话来讲就是"他是逆生长"。他曾对我们自白原本 AB 型血的自己在学生时代还偏内向，自从走上音乐的道路，站到三尺讲台上以后，专业和职业就使自己的性格悄悄地发生了变化，从原来的内向变得开朗、热情。他对我们说自己能从开朗中体会到幸福，他说："性格可以在教学相长中受到影响，让学生更热爱音乐，自己也会更幸福。"他说这话时脸上是赤子般的阳光笑容。（刘翘楚）

故 事

"帅"的微信佚事

微信是一个神奇的软件，它在改变着我们工作、生活的方方面面的同时，也在潜移默化地为新型师生关系的形成贡献着力量。

"帅"王帅与学生之间的故事，就这样神奇地发生着……

神奇故事1：无论团员或老师们有何种感想或感悟，都可以通过微信第一时间互相分享。

"经纶之声"合唱团于2015年5月底的一次排练过后，来听课学习的顺义三中音乐老师石景莲老师在微信朋友圈发表随笔感言，很多同事和家长纷纷评论……

周五晚上我随学校合唱团来听陈经纶中学"经纶之声"的排练。从开始的准备活动，到发声练习、和声对位、作品精排，都革新了我对合唱教学的认识，令我受益匪浅。排练大约是8点以后结束吧，我从陈经纶中学的音乐厅出来，此时太阳已经落山，外面一片漆黑。我看了看没有灯光的一段长台阶，蹲下身把鞋带紧了又紧，将背包、摄像机放在左肩上，左手拿起摄像架子，腾出右手，做好充分的心理准备，走过窄且高的黑漆漆的台阶。瞪大眼睛，努力看清下楼的路。而就在这时，"经纶之声"合唱团的十几个同学走了出来，手里拿着手机，纷纷把自己的手机灯光打开，我暗想：他们唱了3个小时的歌了，可能是想拿手机玩一会儿。我转身看向有点令我恐惧的长台阶，准备前行。可我想错了！当我走向有点黑的楼梯时，学生们自动站立于过道的两侧，打开手机的手电筒，用手机为我照亮有点让我发怵的路。当我明白的时候，我边走边道谢，顺顺利利地走下楼。走过这段路后，转身，立定，我又看到他们等着为我校合唱团的学生们照亮漆黑黑的路。那一刻，我久久不肯离去。我享受了这些学生的歌声，有3个小时；我享受了这些学生的手机光，有二十几秒。我却感觉，这些是上天给我的、人间的很好的礼物。我感受到他们暖暖的心，照亮了漆黑的路。

我走过那台阶，高且陡。十年前看王帅老师给儿子排练。今天我无论如何上不去了！但王帅老师培养的孩子却桃李满天下了！如今儿子一家定居澳洲，王帅老师的培养教育让儿子受益一生。陈经纶中学有这样德艺双馨的好老师，是孩子们的幸运啊！感谢王帅老师！（"经纶之声"合唱团2007届赵源同学家长回复）

神奇故事2：无论合唱团有何种通知、任务、排练计划，微信可以让全体团员第一时间收到。

微信群是微信不可或缺的一项重要功用，大家都可以建立群聊，随随便便几十人就可以在虚拟空间中聚在一起。新潮的王帅老师自然也在好好利用这项功能。他牵头建立了好几个团员群，最大的一个竟有125人！他还幽默地为群取名曰"养声堂"，顾名思义，王帅老师希望团员们好好培养、保养属于合唱团的"好声音"。平时的日常排练计划、任务下达、对近期排练的点评都可以发送到这里。碰到一些比较棘手的演出任务，所有演出的相关要求都可以在此传达，相比以往短信时代，微信的时效性和传达性要高出不少。例如2015年6月在北京市清华附小展演时，群里就发了这样一则通知：

通　知

后天（13号）下午，在永安里清华附小CBD校区有咱们团30分钟专场音乐会演出，毕业生中谁有时间都可以来唱歌。节目单如下：开场曲《感谢诗》"快闪"，全团穿团服的T恤，外面穿一件颜色好看的衬衫或者靓丽且薄的外衣，在八一中学唱的时候就隐藏在观众席的中间过道、外围处，等八一中学唱完，介绍完咱们团的时候，伴着钢琴的声音，慢慢地在音乐厅里像"人浪"一样呈点状起立演唱，长笛或者黑管，也在观众席演奏……

神奇故事3：无论师生找到了任何关于声乐、合唱、指挥的讲座视频或文章，

都可以第一时间在微信群中学习。

例如，"经纶之声"合唱团运用最多的合唱理念就是柯达伊教学法，王帅老师不仅在平常的教学与排练中会运用，还会不时推送一些国内外合唱大师们的教学理念和著作，让孩子们能够有一个更高层面的、理论角度的认识与感受，让团员们做到"知其然，知其所以然"，鼓励大家活学活用。除此之外，团员们也会自觉地留意和搜集类似信息，与大家分享，并不时发表理解，与王老师一起谈论自己的看法，师生可以随时互动，轻松互动，教学相长。

2011 年 5 月底，在这一年，陈经纶中学准备将"经纶之声"合唱团打造成为朝阳区唯一一所高中金帆合唱团，而成为"挂帆"校之前，需要做大量的准备工作。在王帅老师的带领下，全体团员在课余时间紧张有序地准备着自己负责的部分。申报材料总体分为五个大项，每项又有着不同的一级、二级指标。当时的准备工作数不胜数，当各个项目准备完成，最后的任务是将他们汇总、整理。每个人将各自的任务打印成册，或是拷入光盘。摞起来像小山似的资料堆积在王帅老师办公桌上，甚至都摆不下。王帅老师和同学们一起，按照金帆团申请评价的标准，将这些材料收入文件夹，打上相应标签。当天汇总工作从放学时开始，一直到深夜 11 点才最终结束。在这六七个小时里，艺术办公室的三台电脑同时工作，办公室里的打印机也一刻没有停歇。办公室里椅子不够，大家只能轮流坐一坐，甚至有的同学一直忙前跑后，几乎都没能坐下歇歇脚。最后接近尾声时，王老师心疼同学们，让没什么事情的同学先回家，但是大家却都自发地留下了，似乎是要见证最后完工的那一刻才肯放心离开。这是全团师生共同的事业，所有人都希望在"经纶之声"合唱团的转折点上，留下自己与朋友们最深刻的记忆。经过一晚上的奋战，最终整理确认无误后，材料被送到行政楼，由校领导审阅。

话说到此，"帅"在陈经纶学校工作的 13 年里，还发生了很多感人的故事。故事的主人公就是"帅"本人、团员和家长们，大家通过合作改变了孩子的发展轨迹！没有一件事情能够难于改造学生的性格、脾气以及人生目标，但是在陈经纶的合唱团里，这个目标实现了。（郝思维）

观 点

我的合唱教学观

　　我的合唱教学不是一个人的"独角戏"，而是让教师与学生、学生与学生之间充分合作。从最基础的根据固定节奏做节奏接龙练习—逆向思维训练，到比较难的声乐模仿训练，无不体现着新课改中强调的"合作"一词。

　　在我看来，"和"与"合"即让学生通过合唱团活动，在合唱实践中感受各声部间相互配合、协作的意义，进而使学生的性格在音乐的浸润中悄悄地发生改变。

　　现在的学生多为独生子女，缺乏对别人的理解，遇事习惯以自我为中心，让别人围绕自己的轨迹画圆。各科任老师教育他们时都会有一种共同的困惑——沟通困难。我认为，解决这种普遍性问题，最好的方法就是让他们多参与集体活动，在集体活动中学会与他人协作。这就是我在合唱团中倡导的教学观。

　　从一个自我意识很强的人，变得可以理解父母、理解老师，遇事可以进行换位思考的优秀合唱团团员，这是合唱的效应。合唱让他们知道了什么是感动！应该时刻记得，我们身边还有着父母、老师以及所有帮助过我们的人，而不是自己一人。所以我认为，合唱最能体现协作精神，相互皆以他人声部的正确存在为自己存在之前提。只有别的声部音准准确并有适度表演，自己的声部才有正确的音高和平衡的可能，反之亦然。如此，可以理解"人人为我，我为人人"的火枪手精神。

　　小到音乐课与合唱课，大到和谐校园的构建皆如此：年级与年级、班与班、同学与同学之间都要建立在相互理解支持的基础之上。合唱团是一个囊括高一到高三（甚至出现过初中部小同学）三个年级人群的学生群体，12年来，我们"经纶之声"合唱团一直以营造和谐氛围为己任，倡导高年级发挥表率作用，让老团员在学习、生活、比赛等各种活动中关注学弟学妹们的成长。

　　例如：每年寒暑假都是合唱团集训的时间，这时很多合唱团的优秀毕业生都会回来参加集训。一般来说，我们的集训时间是早晨 9：00 到下午 15：00，高年级学生见有的低年级同学没有带饭钱，就主动给学弟学妹们买回午饭。当下午排练结束后，左小珍、杨拓、张亮等优秀毕业生就会很自觉地给学弟学妹补习文化课知识。这种生活、学习上的关心，让合唱团更多了一份家的温馨！少了一份独生子女的孤单。（王　帅）

旁白

他人眼中的王帅

"帅"讲声乐，是极其具有逻辑性的。一环套一环，从腔体打开的方法，到呼吸的方法，到真正发出声音来，每一项的训练方法都逐层递进，从内渗透着前一项训练的要领。认真去听，跟下来很容易。神奇的是，这些仿佛都在"帅"的临场发挥之中，丝毫没有卡壳生硬的感觉。遇到同学出现错误唱法时，"帅"的语言若不灵，他就会一个箭步从钢琴前飞到训练台上，一手顶住同学该使劲的小腹，一手把同学错误的嘴型掐正确……各种"疑难杂症"都让他治了。

——学生刘翘楚

他用他特有的魅力和对音乐教学无限的追求影响着身边的同行教师，使艺术的声音唱响在校园的每一个角落。

——同事周一繁

最难得的是，他把每一个合唱团的孩子都当作家人去爱。

——学生窦亦婷家长

自白

王帅自画像

自我评价： 我是一个很"纯粹"的人，最大的希望就是带着孩子们高高兴兴地唱歌，让美妙的音乐陪伴他们一生，我要把自己从老师那里学到的技法，尽可能地交给他们，让他们体验到音乐之美、友谊之美、生命之美。

教育教学观： 一名优秀的音乐教师应当能利用学生熟悉的生活背景，设计生动有趣的课堂导入，开展教学前能有效调动学生兴趣和积极性；欣赏学生的多样性，鼓励学生敢唱、会唱、爱唱，加强师生、生生间的合作交流，并且能在合理范围内张扬个性；教学语言精练准确又不失幽默，善于启发诱导，和学生一起分享并交流探索知识的无穷乐趣。

心目中的好老师： 要有正确的学生观，尊重每一个学生，尽量了解学生的特长与爱好，充分运用好观察、谈话或身体力行的方式全方位引导和教育学生，使其潜移默化地获得个人感悟与提升，这种感悟与提升，绝不仅仅是学科上的，更是为人处世上的。

心目中的好学生： 拥有一颗永不放弃的求学之心的学生。

心目中的好学校： 北京市陈经纶中学。

处理师生关系： 绝不局限于课堂，课下也是教师们的"阵地"：可以是课间的音乐教室，放学的校园，甚至是送学生回家的路上……优秀的教师是能够和学生做朋友的，从亦师亦友的身份进行教育能收到意想不到的效果，抓住一切时间与机会，做到"工夫在诗外"。

启发最大的两句教育名言： 1.所有能使孩子得到美的享受、美的快乐和美的满足的东西，都具有一种奇特的教育力量。只有在有良心和羞耻心的良好基础上，人的心灵中才会产生良知。良心，就是无数次发展为体验、感受的知识，正是在它的影响下，必然会派生羞耻心、责任心和事业心。（苏霍姆林斯基）

2.诗者，志之所之也，在心为志，发言为诗。情动于中而形于言，言之不足，故嗟叹之；嗟叹之不足，故咏歌之；咏歌之不足，故不知手之舞之足之蹈之也。（《毛诗序》）

影响最大的教育家：对我影响最大的教育家是孔子。

取得成绩的主要经验：从师生关系来说：阵地绝不局限于课堂！从教师个人来说：授人以鱼，不如授人以渔；给别人一杯水，自己要有一桶水，最好，身边还有一缸水……

工作与生活的关系：工作是梦想，生活是现实，为了明天之梦，有必要让今天的生活屈尊一下。

补 白

"帅"字当头

帅指着 A 同学。

帅：你没唱。

A 同学：我唱了，我对天发誓！

帅：对地发誓也没用，你应该对我发誓，可我听到你没唱！

团长：刚才高一的还在的时候，A 同学排练违反团规，使用手机，我把他手机没收了……

帅：对，把他手机给我，我正缺手机呢！

帅问 A 同学：……你觉得这三年和我在一起是快乐多还是痛苦多？

A 同学：痛苦多。

帅：呵呵，真讨厌，不会说话！

A 同学：这是我真心话。

帅：痛苦并快乐着？

A 同学：嗯，呵呵，要不怎么我现在还在团里。

帅：我也是……

4.庞艳丽："酷"老师的"实验报告"

她担任班主任工作十五年，她教学经验丰富，曾荣获北京市优秀教师、北京市教师基本功大赛一等奖、"师德标兵""学生最喜爱的老师"等荣誉；她曾负责《中小学学科文化丛书·化学读本》编者工作"人教e学"的微课录制等工作。她就是北京市陈经纶中学化学教师庞艳丽，北京市朝阳区化学学科骨干教师，北京市朝阳区兼职教研员。

印象

"酷"老师

提起庞艳丽老师，不得不说，她是一个很"酷"的老师，不仅在"酷"外表，还"酷"在她独特的教学方法上。

她是一个不耽误优等生，不放弃"差等生"的认真负责的老师。记得有一段时间，老师总会留补充作业，目的是为了让优等生变得更优秀；也会留基础训练，为了帮助"差等生"巩固基础知识。她总是利用早上时间判作业，利用中午和晚上的时间辅导学生功课。无论多么简单的题，她都耐心为学生讲解，帮助学生一点一点进步。

她是个严格而又充满爱的老师。每次考完试，她都会要求我们将错题改到错题本上，并写上错因和知识点。本以为她只会随意翻翻，画个勾而已。但她却很认真地看我们每一道错题，并写下我们的不足与对我们的期望。若有错题修改不正确的，她更是会第一时间找到学生并帮助他将错题改正过来，让学生将每一道错题都重新和老师讲解一遍，帮助学生弥补漏洞。她不仅对学生严格，对自己也严格。每一次讲课，庞老师总会认真地分析每一步中所包含的信息，帮助我们一点点找出做题时会疏忽的地方，同时指出每一个难点和突破点。

就像她所说的，化学是一门严谨的学科，不容一丝错误。正是因为她的严格，我们在面对任何问题时都能持一种严谨的科学态度；也正是因为她的严格，我们能够充分感受到严格背后所流露出的奉献与爱。（刘　涧）

故事1:《实验报告:与庞老师相处的日子》

小 引

如果将旧时光比作一坛散发幽香的陈年老酒,那么与庞老师的点滴回忆便是"无规则运动的香气分子"。每当繁星升起,月色溶入漆黑寂寥的夜空,每当我忆及初中青葱年华,每当我开启这坛香醇的老酒,回忆便会争先恐后扑面而来,酒香醉人,醉心。当下,我邀你去共赏这酒香,邀你共同回到那份旧时光。请你查阅——《实验报告:与庞老师相处的日子》。

1. 实验目的。在时光的沙砾中探寻回忆,用心去描绘我眼中的庞老师。

2. 实验原理。本人超强的记忆力。

3. 实验器材。仪器:试管、胶头滴管。药品:碳酸钠溶液(我眼中的庞老师),酚酞溶液(时间),稀盐酸(让老师着急的事情,如没用老师教的方法做题,不好好改卷子一类),氢氧化钙溶液(老师的言行举止)。

4. 实验步骤。

实验1:取一定量的碳酸钠溶液,向其中滴加酚酞溶液,观察溶液颜色。

记得初三开学与庞老师最初相处的日子。老师在自我介绍时,提到她爱读书、爱旅行,我在座位上频频点头,内心乐开了花,老师的爱好跟我一样!不过相处的时候我带着胆怯,毕竟刚刚认识。那时对老师的印象如同用眼睛去看碳酸钠溶液——无色透明,跟蒸馏水放在一起也毫无差别。

十一国庆,我与父母出国,有几天不能来学校。对于初三刚刚接触的化学,心中暗暗打鼓,生怕跟不上。老师听闻,告诉我她改变讲课进度,先讲解了我比较好预习的水资源的内容。那一刻,我心中感动不已,脸上绽放出一个大大的笑容。相处的时间越久，就越发现庞老师有多么关心我们。

也许，时光如同酚酞溶液，不知不觉中为庞老师在我脑海中的形象染上了绚烂的色彩。庞老师将那种老师对学生独有的关怀融入了日日的相处，一幕幕的场景，清晰地恍如发生在昨日。

实验2：取一定量的碳酸钠溶液，向其中加入稀盐酸，观察现象。

记得有些时候，我们做题没用老师教给的方法，改卷子不认真，都要迎来非常刺激的单谈。刚开始还是蛮害怕单独去找老师改错的，不过渐渐发现，老师没有批评我什么，只是问我错因，问我每一道题的知识点，帮我梳理类型题的思路。奇妙的是，每次找老师谈过，对这道题的印象就很深刻，也找到了做题的下手点。以至于后来，老师没有要求我去找她，我也拿着卷子蹦跶蹦跶奔向办公室。

这些看似不妙的"稀盐酸"，恰恰促进了我们与老师的沟通交流，看着咕噜咕噜的气泡冒出，思路在脑海中渐渐清明，我突然意识到老师的良苦用心，还有看似严厉但对学生极度负责的态度。老师，辛苦了！

实验3：取一定量的碳酸钠溶液，向其中加入氢氧化钙溶液，观察现象。

记得之前写过一篇作文叫《良师》，大抵主旨是一位好的老师不仅传授你关于学科领域的技能，也教你如何为人处世。那么庞老师，绝对是良师排行榜的魁首。

记得中考冲刺阶段，老师在讲类型题的时候对我们说过，学化学，重要的是有序思维的过程，综合探究题，就是还原你们小组讨论的过程。自此以后，这句话深深刻印在我的脑海中。其实世上的每一件事都是如此呀，你的答案是什么，结果是什么，都是其次，重要的是为之付出努力的过程——重要的是你为了这个答案，怎样去思考，怎样去努力，怎样与周围的人合作，怎样在困难重重中学会坚持。当你不断完善这个过程的时候，那么，你已经成功了。

庞老师用行为举止向我们传授着人生的哲理，让我受益匪浅。加了石灰水的碳酸钠溶液，有白色沉淀生成，我坚信这些生命的沉淀是我永远的宝藏，我会带着它们一路前行。

5. 实验结论。碳酸钠的性质还有很多很多，正如我眼中的庞老师，有更多可写的地方。老师说，一现象一结论，那么，从本实验而言——

她关心着我们每一个人，如同雨露一般温柔地滋养每一方土地；她认真负责地教予我们学术方面的知识，给予我们丰厚的学问，去解决中考甚至高中的难题；最最重要的是，她用言行举止传授我们做人的道理，在我们生命的夜空中点起星灯，照亮我们今后的旅程。（2015届毕业生　邓　睿）

故事2："老大"和我之间的"化学效应"

我是在活动中认识"老大"庞艳丽的。她不是我们的班主任，所以之前我跟她并不太熟。记得那次的活动叫"生活中的化学"，我们承担的是"身边的材料"这一部分的展示。我和她之间的故事发生在第一次彩排的时候。

审我们的节目时，已经是晚上七点多了，我们组的彩排进行到一半的时候，我就感觉到了很多问题：内容冗长、形式枯燥、语言混乱、没有信心。于是我偷偷地观察老大的表情，心想：完了，听她班里的学生讲，老大是个对事情追求完美的人，我们彩排成这样，老大会不会发飙啊！

我们组终于讲完了。

"这么多的资料，你们一定下了很多功夫吧，真不错！"咦，居然受到了表扬……正在我们迟疑的间隙，老大又发话了："展示活动将有200多个来自不同学校的老师参加，你们打算用什么样的形式把你们准备的这些资料向他们展示呢？而且还能体现出你们的风采。""这……要不，老师您给我们设计一下！""不是不可以，但我更希望看到你们的设计，你们不相信自己吗？你们可以抓住你们的主题去设计啊！"经老大的点拨，一同学恍然大悟："身边的材料，材料就在我们身边，我们就用我们的一天生活做主线吧！""对呀。"我也受到启发，"睡觉、穿衣、刷牙、吃饭、交通、学习、通讯，不正好把我们要讲的各种各样的材料都包含进去了吗？"老大笑了："你们都很聪明，也很有想象力和创造力，我期待下次你们精彩地表演，这么晚了，快点回家吧，注意安全！"我们这组同学，自信地走出彩排室，还在出谋划策，热烈地讨论着。

就是老大的三言两语，肯定了我们的能力，点燃了我们的激情，让我们发现了未知的自己。让我们认识到，平行班的我们也能做到优秀、做到精彩！也许，这就是老大的魅力所在，就像她自己的学生对她的评价——"她是一个很有魔力的人，跟她在一起，常常产生意想不到的'化学效应'。我们也不知道她哪儿伟大，但我们就是知道她不平凡。"我想，那是因为她无条件地信任着她的每一个学生。（2015 届毕业生　王崇宁）

打造让学生思维"动起来"的课堂

课堂教学是学校教育的主要阵地，所以提高每节课的教学效果至关重要。经过多年的教学经验，我发现有效的课堂包括以下几种：学生对喜爱老师的课堂；对所学知识比较感兴趣的课堂；可以让学生参与到教学中来的课堂；以及能让学生获得成就感的课堂。这样的课堂一定是最高效的课堂。因此在教学过程中，我注意从以上几个方面打造让学生能主动"动起来"的课堂。

一、让自己成为学生喜欢的老师，打造"魅力"课堂

多年的教学使我认识到，一个老师的人格魅力对于初中学生来说是促进学生积极主动学习的主要因素之一。初中生由于身体急剧变化，他们感到已长大成人，希望自己支配自己，并用批判的眼光看待周围事物，自我意识觉醒和价值观的逐步定向，导致他们开始较为强烈地关注自己的相貌、成就、地位等。他们渴望得到安慰理解，以此充实精神生活，并据此确定自己的行动目标和方式。因此在教学中，我要求自己对待每一个学生时要做到"爱而不溺，严而不苛"。多些理解与宽容，少些埋怨与责备，给予信任与信心，让他们感觉到平等与尊重，他们就自然而然地喜欢你这个老师，喜欢你的课堂，也就愿意全心全意地参与到课堂教学中来。

二、利用好教学中的各个环节，打造"兴趣"课堂

教育心理学指出："构成学生学习动机的重要成分主要是学生的学习自觉性和对学习产生的直接兴趣。"因此在教学中，我注意根据教学的内容以及采用的教学方式的变化，利用好不同的教学环节，调动学生学习的兴趣。如：在新授课中，我利用好每一个演示实验，调动学生对化学的好奇心和渴望学习的欲望；在概念

或原理中，我认真查阅资料，将一个个真实的化学史实，串联成一个个发人深省的小故事，为学生提供真实的历史情境，并精心设置好每一个问题，让学生在情境中体验科学家进行科研活动的真实过程。这既可以激发学生学习化学的兴趣，活跃其思维，又能培养学生科学的方法和科学的思维；在习题课或复习课中，我精心设计讨论环节，并采用小组式的合作学习方式，使每一个学生都参与到研究讨论的氛围中来。问题的提出、激烈的争辩、协作式的互助是学生比较钟爱的上课形式，利用这些可以激发学生的研讨兴趣。

三、采用不同的教学方法，打造"高效"课堂

根据不同的课型设计不同的教学方法，尽可能使更多的学生参与进来，使每一节课都能让学生的思维动起来，使每一节课都能成为高效的课堂。

针对不同的教学内容、不同的班级、不同的课型，我会采用不同的教学方法。如：讲身边的化学物质或实验课，采用实验探究法。通过实验观察或实验设计，引导学生透过现象看本质，主动地参与到科学探究过程中来；基础复习课，采用竞赛法，比熟练、比精准；单元复习课，采用展示法，比设计、比全面、比灵活、比创新；专题复习课，采用学生导师法，以小组为单位，循环互助，进行专题方法和经典例题的总结与讲解，比合作、比研究、比进步。学生最不感兴趣的概念与原理课，由于涉及微观知识，看不到、摸不着，抽象、难懂，因此在教学中，除采用化学史情境教学法外，我还会采用实验、建模、比喻、画图等多种方法，让学生通过看得见的、感性的、宏观的知识去体验、感知抽象的、微观的、理性的知识。

四、精心设计专题复习，打造"能力"课堂

采用专题复习的方法，在短的时间内既夯实了学生的基础，也提升了学生的思维能力。因此在框架式备课的前提下，我会进行专题和复习方法的再设计。

基础专题复习阶段，课堂侧重知识点的落实检查，更多关注基础生的情况，而课下则侧重指导优生与潜优生学习。能力专题复习，则课堂上侧重于优生与潜优生专题解题方法的形成、应用是否灵活以及课下反思的反馈，课下检查基础生

应知应会的知识与方法。这种分层次的专题复习方法，使不同层次的学生都能在短时间内有明显的提升。但教师会比较累，因此要充分挖掘学生的潜在能力，让已优生辅导潜优生，潜优生帮助基础生，在互助过程中、在知识的运用中完成查漏补缺、提升能力。（庞艳丽）

旁白

他人眼中的庞艳丽

　　提到庞老师，我第一个想到的词：霸气。第一次见到她，她给我一种英姿飒爽的感觉。不管是平时的言语还是行动，都从内而外散发着一种霸气的感觉。

——学生霍柳丹

　　有这样的一位像妈妈，又像知心朋友的好老师，孩子们是幸福的，家长们是幸运的。

——学生刘瑞辰家长

　　庞艳丽是这样一位老师：积极乐观地面对每一天，随时接受工作中的各种挑战，敢于创新，以孜孜不倦的科学精神引领着一群人在学科教学发展的道路上不断前行！

——同事柯伯裕

自 白

庞艳丽自画像

自我评价：童真率直，善良宽容，坚毅勇敢，具有强烈的好奇心和求知欲。

影响最大的书：《老人与海》。

影响最大的教育家：陶行知。

启发最大的两句教育名言：教师的职务是"千教万教，教人求真。"；学生的职务是"千学万学，学做真人。"要学生做的事，教职员躬亲共做；要学生学的知识，教职员躬亲共学；要学生守的规则，教职员躬亲共守。（陶行知）

教育教学观：1.教师要做学生最好的榜样；2.目标是不断前行的导航灯；3.信任让师生间充满爱；4.自信让学生充满前行的动力；5.活动让学生充满创造力；6.思维是课堂的关键；6.喜欢让教师充满魅力。

心目中的好老师：认真严谨、幽默智慧、宽容理解、善于倾听、敢于创新。

心目中的好学生：别具特点、与众不同的孩子。

心目中的好学校：为每一个教师、学生的发展而发展的学校。

处理师生关系：用欣赏的眼光对待每一个孩子，用发展的眼光面对孩子的每一个问题。

取得成绩的经验：坚持做好你认为该做的事，永不言弃，就一定能收获成功；我认为我最成功的地方，就是看到我的学生收获成功时的喜悦和他们对我的喜爱。

工作与生活的关系：工作是为了更好地生活，生活需要更好地工作。工作之余我跟自己喜欢的人做自己喜欢的事，如旅行、打球，或和自己私聊，或自己静静地读书。

补白

老大笑料

那颗童心

课前五分钟，老大穿了一件图案似猪似狗的衣服（其实只是一只具有夸张模样的狗狗），走进了教室。

老大：×××，你在发什么呆？

学生：老师，你衣服上的图案是什么？

老大：嗯，很抽象，是只狗吧？

学生：我怎么觉得是猪呢？

老大：是吗？（疑惑状，眼睛迷茫地望着全班，很认真地问）你们觉得呢？

学生：猪！（异口同声）

老大：我怎么觉得是只狗呢？（很认真地思考）

……讨论中，五分钟后，上课铃响起……

那个小结

讲碳单质时，老大讲了石墨烯，再讲足球烯，在最后进行小结时：

老大：（很严肃地）今天，我们知道了碳元素可以组成不同单质，如石墨、金刚石、活性炭和"石球烯"……

学生：（很诧异地大声问）"石球烯"？

老大：哦，好吧，是"石墨烯"和"足球烯"啊！

学生：哈哈哈哈哈哈……

从此，"石球烯"风靡班级。

那份"口才"

某次模拟考试完，班级成绩很好。老大让同学们进行错题反思。同学们反思的结果有：审题不到位啦，计算错误啦，书写不规范啦，语言描述不到位啦，压强原理没用好啦……

老大：通过这次考试，结合同学们的反思，我也进行了反思。我觉得，我作为化学老师，任务完成得不错，从你们的答题和反思上看，同学们对化学方法和化学思维运用得都非常好。你们所犯的错误都与我无关啊！（坏笑状）

学生（很奇怪地看着老师）：为什么？

老大：你们看啊，计算错误的同学，是不是数学问题？书写不规范的（化学用语），是不是英语问题？审题不到位的，语言描述不到位的，是不是语文问题？嗯，还有，那些压强原理又没分析到位的同学，是不是物理问题？

学生：……

老大：知道为什么初三才开化学了吧？因为它包罗万象！（得意状）

最终，我们在老大地指导下，把数学问题、英语问题、语文问题和物理问题都改正了。

图书在版编目（CIP）数据

个性教师炼成记：百年名校新型师生关系 / 雷玲，张德庆编著 .—上海：华东师范大学出版社，2016.3

ISBN 978-7-5675-4927-2

Ⅰ.①个 ... Ⅱ.①雷 ...　②张 ... Ⅲ.①中学—师生关系 Ⅳ.① G635.6

中国版本图书馆 CIP 数据核字（2016）第 050858 号

大夏书系·名校教育探索

个性教师炼成记
——百年名校新型师生关系

编　著	雷　玲　张德庆
策划编辑	李永梅
审读编辑	齐凤楠
封面设计	奇文云海·设计顾问

出版发行	华东师范大学出版社
社　　址	上海市中山北路 3663 号　邮编　200062
网　　址	www.ecnupress.com.cn
电　　话	021－60821666　行政传真　021－62572105
客服电话	021－62865537
邮购电话	021－62869887　地址　上海市中山北路 3663 号华东师范大学校内先锋路口
网　　店	http：//hdsdcbs.tmall.com

印 刷 者	北京季蜂印刷有限公司
开　　本	700×1000　16 开
插　　页	1
印　　张	17
字　　数	240 千字
版　　次	2016 年 4 月第一版
印　　次	2016 年 4 月第一次
印　　数	10 100
书　　号	ISBN 978－7－5675－4927－2/G·9249
定　　价	36.00 元

出 版 人	王　焰

（如发现本版图书有印订质量问题，请寄回本社市场部调换或电话 021-62865537 联系）